Un apiculteur, Une apiculture

Stéphanie & Serge Boué

Un Apiculteur, Une apiculture

30 témoignages de passionnés de l'abeille

© 2015 Stéphanie Boué & Serge Boué

Edition : BoD - Books on Demand
12/14 rond-point des Champs Elysées
75008 Paris
Imprimé par BoD – Books on Demand, Norderstedt
ISBN : 978-2-322-03985-2
Dépôt légal : août 2015

Ce livre n'aurait pas été possible sans ceux :
- qui nous ont accueillis dans leurs cuisines ou leurs salons,
- qui nous ont invité à leur table, dans une brasserie autour d'un verre ou d'un repas,
- qui ont pris le temps de nous recevoir entre deux rendez-vous dans une salle de réunion,
- qui se sont connectés à Skype ou ont décroché leur téléphone.

Nous les remercions d'avoir répondu « pourquoi pas » à nos demandes d'interview.

Nous remercions Jamila pour sa relecture attentive.

Un petit clin d'œil à Pascale pour sa participation involontaire à la couverture de ce livre… personne ne t'a reconnue !

Gare aux abeilles est une association déclarée à la préfecture du Loir-et-Cher.

Elle a pour objet :
- la promotion de l'éducation à l'apiculture, à la biodiversité et à l'éco-citoyenneté ;
- la création et rédaction de documents et d'outils pédagogiques,
- la constitution et la gestion d'un fonds documentaire et de matériels pédagogiques.

Web : http://www.gare-aux-abeilles.com

eMail : gareauxabeilles@gmail.com

Avant-propos

Tous les témoignages de ce livre sont véridiques.

Cependant certains portraits ont été rendus anonymes. L'identité, le lieu et les dates ont volontairement été changés. Nous avons appliqué l'anonymat aux personnes qui l'ont explicitement demandé et à celles pour qui la publication du témoignage pouvait les gêner ou susciter des controverses.

En effet, certains sujets, abordés dans ce livre doivent être polémiques puisqu'ils ont donné lieu à des explosions d'indignation.
Par exemple, un lecteur nous a vivement reproché de « laisser penser » que l'apithérapie était efficace…

C'est un beau compliment. Car l'objectif de ce livre est bien de « laisser penser » le lecteur. Nous avons essayé de retranscrire le plus fidèlement, sans prendre position, les convictions de la personne interrogée. Nous avons collecté des témoignages qui parfois se complètent, parfois s'opposent. Chacun peut, à la lecture de cette galerie de portraits, se forger sa propre opinion.

Bien sûr, ce livre est incomplet. Il manque des témoignages qui auraient avantageusement apporté un éclairage différent. Peut-être avons-nous oublié de solliciter ces personnes ? Peut-être avons-nous choisi de ne pas les interroger ? Peut-être aussi ont-elles refusé de nous répondre ?

Ne cherchez pas dans ce recueil des témoignages d'industriels vendant en grande surface du miel transformé. Ils n'ont pas donné suite à nos demandes répétées d'interviews. Pourquoi ?

Se taire peut aussi être une manière de s'exprimer…

Le cueilleur d'abeilles

Le panier est toujours là, en bordure de chemin. Il est 20 heures et tout semble calme. C'était une belle journée ensoleillée. Comme souvent en cette saison, Bertrand a été appelé par les pompiers en début d'après-midi pour récupérer un essaim sauvage. Bertrand a l'habitude, il a une technique bien éprouvée pour cueillir un essaim. Elle s'inspire de ce que faisaient les anciens. Sa femme a confectionné à cet effet un panier en osier conique, recouvert de bouse de vache séchée et muni d'un manche en bois. Pour la bouse, Bertrand s'approvisionne chez un éleveur de vaches bio du village voisin. Les abeilles semblent apprécier cet enduit naturel facile à renouveler. Pour collecter l'essaim, Bertrand présente la large base du panier ouverte sous l'essaim et secoue fermement la branche sur laquelle se sont agglutinées les abeilles. Lorsque la reine tombe dans le panier, c'est gagné. Les autres abeilles suivront.

Puis il retourne le panier, le pose par terre à proximité. Les butineuses absentes au moment de la collecte rejoindront d'elles-mêmes plus tard les abeilles déjà présentes dans cet abri provisoire. A la tombée de la nuit, Bertrand n'a plus qu'à récupérer le « panier garni » en l'emmitouflant dans un drap blanc puis à enrucher l'essaim. Là encore c'est un geste technique impressionnant pour le néophyte. Bertrand déplie le drap et pose à l'une des extrémités la ruche destinée à abriter la colonie capturée. Il a bien pris soin de choisir une vieille ruche qui fleure bon la cire et le miel et il y a placé des vieux cadres. Puis il frappe le panier sur le drap, tout près de l'entrée de la ruche, pour faire tomber l'essaim. Le drap blanc conduit naturellement quelques éclaireuses un peu curieuses vers la ruche odorante. Après inspection, ces éclaireuses « appellent » le reste de l'essaim en diffusant de leurs ailes l'odeur de la colonie. Une partie de la masse se dirige, au pas et en rangs serrés, vers le nouveau logis. Dès que la reine est dedans, c'est tout l'essaim qui se met en branle. En quelques minutes, les abeilles se sont enruchées toutes seules, pressées par la nuit et la fraîcheur qui tombent. L'essaim viendra compléter le rucher de Bertrand dans les bois. Il remplacera une colonie qui n'a pas survécu à l'hiver. Bertrand pratique une gestion naturelle de sa douzaine de ruches. Son cheptel s'est constitué au fur et à mesure des collectes. Il a appris à connaitre le comportement de chacune de ses colonies. Celle-ci est agressive, telle autre est productive. Il n'a pas vraiment d'objectif de rentabilité, et n'a d'ailleurs aucun mal à vendre son miel. L'année dernière n'a pas été bonne pour la production du miel, par conséquent il a du annuler sa participation à quelques brocantes et au marché de Noël du village : il n'avait plus de miel à vendre. Il ne lui restait que les bougies et les objets de décoration que sa femme réalise avec la cire récupérée des opercules ou des rayons cassés. La boulangerie et la superette du village avaient déjà écoulé la majorité des pots de miel qu'il leur laisse en dépôt. Les étiquettes de ces pots changent à chaque récolte. Ce sont les enfants de Bertrand qui les impriment et qui par la même occasion viennent aider pour le conditionnement. La dernière fois, l'illustration représentait une femme des années 20 dans le style de Mucha. Que choisiront-ils pour la prochaine récolte ?

Il y a une dizaine d'années, Bertrand a été formé à l'apiculture par un apiculteur professionnel et il a aussi suivi des cours dans une association. Petit à petit, il s'est forgé sa propre conception de l'apiculture. Ainsi, il traite peu ses ruches contre les parasites, et les nourrit avant l'hiver avec parcimonie. Il laisse faire la nature. Mais cela ne l'empêche pas de se tenir informé des actualités apicoles sur Internet et de tester de nouveaux matériels. L'avancée du frelon asiatique l'inquiète. L'année passée, des nids avaient été détruits dans sa région. Ce printemps ci, comme les années précédentes, il a donc bien pris soin de poser des pièges fabriqués maison. Verdict : il a capturé plusieurs reines fondatrices. L'avancée est inexorable, Bertrand s'y est résigné.

Pourtant, cette année, il étend son cheptel en rachetant une dizaine de ruches à son ancien « maître – apiculteur » qui part à la retraite. Mais est-ce le bon moment ?

http://agaa.fr/464

Un essaim s'est posé dans votre jardin ? Pas de panique ! Sur notre site, un lien vous explique comment le récupérer vous-même. Sinon d'autres liens pour faire venir un spécialiste.

La grande boucle du miel

Lorsqu'on demande à Sylvette si elle est apicultrice, elle vous répond qu'elle ne possède pas de ruche à elle. Pourtant elle connaît sur le bout des doigts le travail des apiculteurs, elle sait leurs gestes, elle partage leur amour des abeilles et de la nature. Mais ses activités ne lui laissent pas le loisir d'avoir ses propres colonies.

Depuis toujours, elle aime le miel, celui des petits producteurs amateurs qui abondent partout en France. Elle a longtemps trouvé son bonheur dans une petite boutique parisienne tenue par un homme passionné. Quand ce dernier a parlé de prendre sa retraite et de vendre son fond de commerce, Sylvette a décidé, sur un coup de tête, de reprendre le flambeau. Avec exigence et rigueur, Sylvette et son mari perpétuent ce qui leur tient à cœur : le contact direct avec le producteur.

La petite boutique offre des miels de toutes couleurs et origines. Lavande, châtaignier, acacia, ronce, framboisier, chardon maritime, différents miels de forêt… Tous sont offerts à la dégustation, et le couple vous les propose du plus doux au plus corsé pour ne pas dérouter les papilles. Ils prennent aussi la peine – mais est-ce une corvée ? – de goûter avec vous, sur un coin du comptoir. Ici on a le temps, et parfois des discussions impromptues naissent entre les clients et les propriétaires. Comme si les abeilles avaient le don de rapprocher les hommes.

Ils sont tous deux intarissables sur le terroir, le producteur, le millésime, les arômes et les utilisations possibles de chaque miel. Ils parlent du miel comme un œnologue pourrait le faire d'un vin. Chez eux, le miel devient un produit de connaisseurs. Ne cherchez pas ici du miel de colza : il est persona non grata. D'abord cette appellation suscite les réticences des consommateurs et pour Sylvette il est synonyme de grandes cultures, de traitements chimiques, voir même de modifications génétiques.

Sylvette ne donne aucun nom de producteur : sur tous les pots figure une étiquette aux couleurs du magasin. Son carnet d'adresses est son trésor. Lorsqu'un miel passe le test des critères exigeants du couple, cela vaut toutes les appellations et lui donne le droit de figurer dans le magasin. En contrepartie, il est jalousement protégé.

Sylvette commercialise aussi du pollen séché au soleil, de la gelée royale certifiée, du pain d'épice. Elle est aussi capable, dans certains cas, de vous proposer les confitures qui correspondent aux miels : un miel de fleurs de framboisier de l'apiculteur d'un côté, et sur l'étagère d'en face, la confiture de framboises réalisées par l'épouse de ce même apiculteur. Et elle connaît personnellement l'un et l'autre.

Car lorsque vient l'été, vers la fin du mois de juin, elle ferme sa boutique et prend la route. Avec son mari, elle entame un tour de France de ses fournisseurs alors que la saison apicole bat son plein.

Pendant plusieurs semaines, les combinaisons dans le coffre de la voiture, ils parcourent la France dans toutes les directions. Ils font étape chez leurs apiculteurs fétiches pendant plusieurs jours, ils prêtent la main aux travaux du rucher, ils goûtent en avant première les nouvelles récoltes. Ils écoutent et s'imprègnent. Parfois le hasard leur fait rencontrer de nouveaux apiculteurs, des personnalités fortes, originales, qui leur font découvrir des pratiques encore inconnues, confidentielles. L'apiculture offre d'innombrables facettes, autant qu'il y a d'apiculteurs.

Chaque été donc, Sylvette fait le plein de connaissances sur l'apiculture, le miel, et elle cultive des liens d'amitié. De retour à Paris, elle fait partager tout cela à ses clients, plutôt fidèles, ainsi qu'aux enfants des écoles voisines. Elle apporte son matériel et leur explique en termes simples le travail des abeilles. Elle fait déguster le miel. Elle leur parle de la fragilité et de l'importance des abeilles, car à force de parcourir toute la France, elle sait toutes les menaces qui pèsent sur elles.

Elle n'est pas favorable à l'apiculture urbaine. Pour elle, les abeilles et les hommes peuvent vivre en bonne entente certes, mais il n'empêche que l'abeille reste un animal sauvage, pas réellement domestique. Son environnement idéal reste la nature sans béton, sans voitures, sans agitation humaine. Une nature qu'elle souhaite évidemment voir préservée et qu'on retrouve un peu dans chacun des pôts de miel vendus dans sa boutique..

http://agaa.fr/328

Pour les becs sucrés exigeants à la recherche de miels exceptionnels, poussez d'abord la porte de notre site.

Une vie d'apiculture

René reçoit ses visiteurs dans sa cuisine. Les contrats d'achat de ses ruches seront signés là, sur la toile cirée où toute la famille s'est attablée pendant des décennies. A plus de 80 ans, René prend sa retraite, il va réduire le nombre de ses ruches et en vendre certaines. Mais il est hors de question de céder le travail de longues années à n'importe qui !

Toute la matinée, des apiculteurs se seront présentés. Ils auront été sélectionnés au préalable par téléphone. Professionnel ou amateur, il faudra montrer patte blanche, justifier de sa pratique, se recommander de confrères. Les abeilles ne seront laissées qu'à des apiculteurs de la région. Car les petites protégées de René ne doivent pas s'épuiser lors du trajet. Les candidats à la reprise seront facilement trouvés, car René est une figure emblématique de l'apiculture régionale. Tout le monde dans le milieu le connaît, au moins de réputation.

René sait communiquer sa passion et former les plus jeunes. Il montre tout, il explique tout. Comme cette feuille manuscrite, sortie soudainement d'un classeur. Toute une vie d'apiculture. Sur trois colonnes bien serrées se succèdent des chiffres. Ce sont les nombres de ruches ainsi que les poids de chaque récolte de miel année après année.

Première date : 1958. Année de l'installation et de l'achat du gros extracteur inox qui trône dans la pièce à côté. Sa femme aurait préféré qu'il achète plutôt un berceau pour leur fils nouveau-né. L'extracteur fonctionne toujours, et la miellerie s'est enrichie de nouveaux outils. Le miel extrait, filtré, tombe dans une cuve en sous-sol. Il le pompera pour remplir de larges fûts qui seront revendus à une coopérative. Son miel sera vendu un peu plus cher car il peut récolter dans un parc régional, et bénéficier d'une appellation locale. René a connu plusieurs coopératives au cours de toutes ces années. Il se souvient bien de ce margoulin qui est parti avec la caisse laissant les apiculteurs dans la panade.

Les années 80 sont marquées par l'arrivée du varroa. C'est un parasite de l'abeille qui affaiblit les colonies. Il a déstabilisé les apiculteurs et changé l'apiculture. René était alors agent sanitaire apicole. Il allait de rucher en rucher, expliquer à ses confrères comme lutter contre cet acarien. Aujourd'hui encore, René réalise lui-même ses traitements. Il utilise, sur ordonnance vétérinaire, des produits initialement destiné à traiter les bovins. Ce sont exactement les mêmes molécules que celles utilisées en apiculture. Ces produits sont bien moins chers que les produits apicoles prêts à l'emploi, mais il faut être très précis dans les dosages. René maîtrise le sujet.

La production de miel croît jusqu'à atteindre 17 tonnes au début des années 90. Merci le tournesol ! Les ruches installées dans les champs de tournesol regorgeaient de miel. Il fallait constamment augmenter la taille des ruches, en ajoutant des « hausses » sur les corps principaux , pour donner aux abeilles de l'espace pour stocker leur récole. Et quand la place manquait, les abeilles improvisaient. Comme cette ruche, posée sur un pneu pour l'isoler du sol, qui avait fini par construire des rayons de cire dans le pneu.

Mais l'âge d'or est désormais fini. L'agriculture a changé, modifiant aussi les pratiques apicoles. Les nouvelles espèces génétiques de tournesol seraient dédaignées par les abeilles. Les récoltes sont pauvres. René ne met plus de ruches dans les champs de tournesol. Ce n'est pas assez rentable.

Car les frais sont de plus en plus importants pour une exploitation apicole moyenne, et les gains sont faibles. Il y a déjà les traitements sanitaires. La disparition des haies et les grandes cultures imposent de nourrir les abeilles en début d'automne pour les aider à passer l'hiver. Le matériel aussi coûte cher. René a quelques astuces pour faire des économies. Il a construit lui-même ses ruches. Un morceau de moquette sous le toit protégera aussi bien qu'un isolant spécifique apiculture et est moins onéreux. Pour récupérer la cire, il a inventé un cérificateur solaire sur roulette qu'il oriente en fonction du soleil. Son cérificateur électrique ne sert que rarement.

Ses conseils et ses trucs, René les explique de bon cœur à ses visiteurs qui prendront bientôt le relai des soins auprès de ses abeilles. Mais les assiettes ont remplacé les souvenirs apicoles sur la toile cirée de la cuisine. C'est l'heure du déjeuner ; c'est aussi celle de prendre congé de René.

http://agaa.fr/490

Que fait un apiculteur ? Sur notre site, suivez son travail, saison après saison

L'apiculteur des cités

Dans ce quartier populaire du Val-de-Marne, des jeunes hommes, assis sur des marches, regardent passer les habitants et les rares visiteurs. Après un bref salut, Cédric, avec son lourd matériel, continue son chemin. Cédric est bien connu : c'est l'apiculteur de la cité.

Aujourd'hui, c'est jour de récolte. Les ruches sont installées sur les toits de ces petits immeubles HLM. Il y a peu de ruches à récolter, mais y accéder est une véritable expédition. Il faut monter à pieds les quatre étages, puis grimper à une échelle d'incendie, enjamber un vasistas pour être enfin sur les toits. Ce parcours se fera en portant tout le matériel d'apiculture à l'aller et au retour. Au retour, Cédric sera chargé en plus des cadres pleins de miel. La descente de l'échelle est périlleuse.

Dans son matériel, Cédric prend toujours un toit et une hausse vide. Le toit sera retourné, la hausse est mise dans ce réceptacle et l'ensemble posé au sol. Chaque cadre récolté, une fois délicatement débarrassé de ces abeilles, sera inséré dans la hausse vide qui se remplira petit à petit. Pour des raisons d'hygiène, aucun cadre et aucune hausse ne doit toucher le sol. Les gestes de Cédric sont sûrs et sa technique réfléchie. Cédric est un apiculteur professionnel.

Cédric a suivi une formation avancée en apiculture et il a travaillé plusieurs saisons dans le sud de la France auprès de divers apiculteurs. Il est revenu en Région Parisienne et s'occupe aujourd'hui d'environ 70 ruches. 70 ruches c'est peu pour un apiculteur professionnel. Ce nombre a longtemps été le minimum pour être considéré par La Mutuelle Sociale Agricole comme un professionnel et pouvoir bénéficier de leurs services. En fait, Cédric n'exploite pas des ruches seulement pour vendre du miel. Ce n'est qu'un prétexte... Cédric est salarié d'une association qui développe la cohésion sociale et la compréhension de l'environnement naturel en installant des ruches dans des quartiers sensibles.

Dans ce quartier multiculturel, l'apiculture est devenue un projet commun. C'est un facteur favorisant l'échange et le partage intergénérationnel de valeurs humaines entre les communautés. Partout dans le monde, l'abeille est élevée pour son miel. Jeunes et vieux apprécient le miel et portent un regard positif sur l'abeille. Chacun connait une histoire d'apiculture ou une recette à base de miel qu'il peut partager. L'apiculture est aussi une source de fierté pour ces habitants qui peuvent offrir à leur famille à l'étranger un pot de miel de la cité.

L'association de Cédric est soutenue par le bailleur social du quartier. L'association partage ainsi avec d'autres organismes un local où Cédric, entouré des enfants et des parents du quartier, répare les ruches et extrait le miel. L'environnement immédiat des immeubles a été transformé par l'action de l'association. Par exemple, elle a obtenue que les tontes des espaces verts soient espacées pour favoriser la repousse des fleurs, comme le trèfle, source de nectar pour les abeilles. Il a fallu convaincre certains habitants qui trouvaient que ces herbes un peu hautes faisaient moins « propre ».

Une autre fois, une directrice d'école primaire s'est plainte des abeilles de l'association. Elles venaient boire dans une mare à poissons rouges au sein de l'école. La directrice craignait les risques de piqûres pour les enfants. Des élus ont voulu supprimer les ruches. Cédric a trouvé une solution originale pour résoudre ce problème. Il a bâché temporairement la mare. Des nourrisseurs à poules rempli d'eau ont été installés à proximité des ruches. L'attrait des abeilles pour cette mare artificielle a totalement disparu. La mare a pu être découverte et les ruches ont été sauvées.

L'installation de ruches en ville est une source de polémiques. Dans les journaux ou sur le web, de nombreuses personnes s'interrogent sur la légitimité des ruches en villes et leur utilité.

Cédric et son association, par leurs actions quotidiennes auprès des habitants des quartiers populaires, y apportent une réponse.

http://agaa.fr/339

Les abeilles des cités ont rendez-vous sur notre site. Découvrez l'association de Cédric.

Le Morvan, terre de miels

Les enfants repartent avec un grand sourire. Ils ont assisté en direct à un beau spectacle: l'extraction du miel. En souvenir, les parents ont acheté du miel d'acacia, du miel de fleurs sauvages et un beau pain d'épice rond. La mise en scène du travail de la miellerie est une idée de Jean-Jacques l'apiculteur. Et ça marche. 8000 visiteurs viennent chaque année sur son exploitation apicole.

Jean-Jacques est fier du miel produit par ses ruches. La majorité de sa production est certifiée Bio et porte le label du Parc Naturel Régional du Morvan. Dans la boutique, une grande vitre s'ouvre sur la miellerie et son extracteur de 54 cadres qui ne permet d'extraire le miel que de 6 ruches à la fois. Jean-Jacques a 1200 ruches, l'extracteur tourne très souvent... Le désoperculage, étape préparatoire à l'extraction du miel, est réalisé à la main à la vue de tous. Ces bouchons de cire, déposés par les abeilles pour conserver hermétiquement le miel dans les alvéoles, sont découpés avec précaution à l'aide d'un grand couteau par l'apiculteur. Jean-Jacques a transformé ces deux opérations répétitives en un spectacle apprécié par les grands et les petits.

Avant la mise en pot, le miel est conservé en fûts de plastique dans une pièce chauffée à près de 40°c par une chaudière alimentée par du bois déchiqueté. Une matière première particulièrement abondante dans la région. Les autres locaux de stockage gardent une température constante grâce au puits canadien qui remonte la chaleur du sol. Cela fait plus de 15 ans que Jean-Jacques s'est engagé dans une démarche biologique globale, par pragmatisme et non par « romantisme » comme il le dit lui-même.

Après une première vie professionnelle dans l'industrie à l'international, l'enfant du pays souhaite, avec sa femme, s'établir dans le Morvan. Après une petite étude des potentiels économiques locaux, il rachète 200 ruches à un vieil apiculteur qui possédait encore quelques modèles en paille. Il débute son activité apicole en 1975. Dans cette région peu peuplée, sans réel dynamisme industriel, l'apiculture est un choix de raison. Cette campagne isolée et préservée des grandes cultures est devenue un atout pour la production de miel. Le Morvan dispose en effet d'un important massif de sapins dans les hauteurs, de belles étendues plantées d'acacias sur ses contreforts et enfin de nombreuses pâtures pour les vaches charolaises, encloses de haies riches en ronce.

Il y eut d'abord dix années difficiles à faire des allers-retours sur Paris pour vendre le miel sur les marchés et à réinvestir chaque franc gagné dans du matériel. L'exploitation apicole se développait tout doucement quand l'arrivée du parasite varroa a brutalement cassé l'équilibre. Les apiculteurs de la région ont alors fait confiance à la nature, pensant que celle-ci reprendrait le dessus. Mais les colonies ont continué à péricliter, non pas brutalement comme avec le syndrome d'effondrement qu'on connait aujourd'hui, mais plutôt en 2 ou 3 ans. L'achat de nouveaux essaims pour compenser les pertes de cheptel est rapidement apparu comme intenable économiquement. Jean-Jacques a donc pris une décision radicale et a réorienté son activité. Il a d'abord construit un laboratoire moderne de fabrication de pain d'épices aux normes européennes et il s'est résolument lancé dans l'apiculture extensive. Son pain d'épice, dont la recette intègre 70 % de miel, lui permet de valoriser ses miels et de maintenir une activité en toutes saisons.

Quant au choix de l'apiculture extensive, il a pour objectif de disposer du maximum de ruches productives en optimisant le temps passé sur chacune. Les ruches de Jean-Jacques ne sont pas des « Lamborghini ». Certains apiculteurs pourraient tout à fait obtenir la même quantité de miel avec 2 ou 3 fois moins de ruches. Mais ce système extensif permet, les mauvaises années, d'absorber plus facilement les aléas ou les accidents sur les ruches. 8 années de mise au point ont été nécessaires. Actuellement, l'entreprise compte 9 salariés. Elle produit 25 tonnes de miel en moyenne par an et jusqu'à 43 tonnes les bonnes années.

Mais le varroa reste toujours la principale menace pour les abeilles. Pour Jean-Jacques, l'arrivée en France, très médiatisée, du frelon asiatique pose surtout problème aux amateurs qui n'ont que peu de ruches. Les professionnels comme lui savent plus ou moins gérer les conséquences de ces attaques et l'abondance de ruches permet de lisser les pertes. Les nids signalés dans la région sont bien évidemment détruits et Jean-Jacques a posé des pièges ciblant spécifiquement les frelons asiatiques autour de ses ruchers. En revanche, pour lutter contre le varroa qui parasite ses abeilles, Jean-Jacques a beaucoup plus de travail. Car il lui est nécessaire de traiter deux fois par an chaque ruche, une par une. Nous sommes fin décembre et il vient justement de terminer la seconde phase de traitement.

Sous le motif d'aider l'apiculture, de nouvelles directives nationales et européennes seraient en préparation. Elles inquiètent Jean-Jacques. L'apiculture est aujourd'hui encore peu réglementée, tel le dernier village gaulois résistant à la colonisation romaine. Il craint que les directives ne suppriment cette liberté appréciée par les apiculteurs et qu'elles ne prennent pas suffisamment en considération l'importance de l'environnement. Les directives porteraient sur l'obligation de traiter les ruches avec certains produits imposés et de se soumettre à des contrôles sanitaires réguliers.

Pour Jean Jacques, le cocktail pesticide-herbicide-fongicide des régions de grandes cultures est un facteur amplifiant les pertes de ruches. Les mesures de « sauvetage » de l'apiculture ne doivent pas faire l'impasse sur ces problèmes environnementaux. La qualité du miel en dépend. Il s'agace aussi de certains articles vantant le miel produit en ville. Pour lui, la pollution atmosphérique doit nécessairement se retrouver dans le nectar ou le pollen rapportés par les abeilles.

Jean Jacques n'a pas ce problème avec ses 60 ruchers majoritairement installés dans le cadre préservé d'un parc régional naturel. Il y produit des miels mono-floraux qui depuis 40 ans gagnent régulièrement des médailles au Concours Général Agricole de Paris et font connaître ce petit bout de campagne que peu de gens arrivent à situer sur une carte. Cet entrepreneur qui a la tête bien sur les épaules reste ébloui par le miel, un produit magique, noble et pur. C'est sans doute cette passion du « produit » qui plaît tant aux visiteurs qui font l'effort de venir jusqu'à sa boutique.

http://agaa.fr/348

Sur notre site, toutes les coordonnées pour commander les produits de Jean-Jacques et satisfaire vos envies de miel du Morvan

La lune de miel

La cérémonie se termine sous le crépitement des flashs et les caméras des invités. Symboliquement, Madame le Maire remet en cadeau aux jeunes mariés un petit pot de miel. Cette année, le bocal en verre comporte une petite étiquette dorée supplémentaire: « Médaille de Bronze, Ile de France ». Fabrice est fier de cette distinction. Il est l'apiculteur de la ville de Malakoff.

Fabrice est tombé dans le chaudron de l'apiculture en 2009, quand un élu lui a demandé d'héberger une ruche d'un habitant. En tant que responsable des espaces verts de la ville de Malakoff, il a trouvé un emplacement pour que Laurent puisse poser sa ruche. D'abord intrigué, il s'est rapidement passionné pour les abeilles. Et pendant 3 ans Laurent a formé Fabrice à l'apiculture.

Depuis, le rucher a déménagé, et s'est agrandit sur le terrain d'une ancienne usine détruite. Aujourd'hui, le rucher municipal comporte une trentaine de ruches. Quelques-unes appartiennent à Laurent qui donne un coup de main à l'entretien des ruches. Mais c'est Fabrice qui assure, seul, les visites scolaires et les animations de sensibilisation à l'abeille.

L'accueil des enfants des écoles ou du centre de loisirs est l'une des vocations du rucher. En saison, les visites sont régulières. Elles sont toujours précédées par l'envoi à l'enseignant d'une longue liste de recommandations écrites. Elles se déroulent ensuite en deux parties. Un premier groupe visite le rucher tandis que le second découvre la miellerie. Puis les groupes s'inversent. Des tenues et des voiles sont mis à disposition des enfants et des accompagnateurs. Fabrice peut ainsi, en toute sécurité, ouvrir une ruche peuplée, montrer les éléments et même observer la reine. A la miellerie, les enfants goûtent du miel et repartent avec un petit pot.

La présence de ruches, gérées par la ville, a eu d'autres effets bénéfiques qui n'étaient pas prévus initialement. Grâce aux abeilles, petit à petit, la ville change ses habitudes environnementales.

Fabrice, qui est aussi le responsable des plantations et des fleurissements de la ville, tente d'allier à la fois son métier et sa passion de l'apiculture.

Par exemple, les arbres ou les fleurs à planter sont notamment choisis pour leur caractère mellifère. Ainsi un alignement de chitalpa sera planté sur un talus SNCF. Sur tel rond-point, une prairie fleurie a été préférée à l'ensemencement d'un simple gazon. Les troènes sont passés de mode. Malgré tout ils sont une source de pollen intéressante pour les abeilles. La ville ne plante donc plus de troènes, mais évite d'arracher ceux déjà en place.

Ces petits changements sont bien acceptés et font même école dans la population. Fabrice le constate lors de ses visites en tant que membre du jury du concours des jardins fleuris. Les habitants copient certains choix de végétaux de la ville. Les propriétaires de ces jardins sont fiers de contribuer ainsi à la production du miel de la ville.

Sous l'impulsion de Fabrice, les jardiniers du Conseil Général ont dû, eux-aussi, s'adapter à la présence de ruches. Ils avaient pour habitude de tailler en pleine floraison les dizaine de tilleuls bordant l'une des avenues qui traverse la ville. Ils privaient ainsi les abeilles d'une source abondante de nourriture. Alertée par Fabrice, Madame le maire de Malakoff a interpellé le Conseil Général. Les tilleuls sont désormais taillés à l'automne.

Fabrice a aussi découvert que la présence d'un rucher municipal était prise en compte dans l'attribution des notes du concours des villes et villages fleuris. Ces notes sont représentées par des « fleurs » sur les panneaux d'entrée des agglomérations. La récupération et l'utilisation des eaux de pluie est aussi un critère retenu. Les eaux de pluies tombant sur le chalet de stockage du matériel apicole sont donc collectées pour abreuver les abeilles.

Pour autant, Fabrice ne déclare pas avoir une pratique totalement « écologique ». Il reste prudent face aux annonces « Zéro phyto » faites par certaines communes. C'est un sujet à la mode. Des villes s'en prévalent dans leur communication, parfois sans véritable fondement. Fabrice est réservé sur ce sujet car il sait que certains produits utilisés ne sont pas sans conséquence sur l'environnement. Par exemple, pendant les hivers rigoureux, des dizaines de tonnes de chlorure de sodium, -du sel-, doivent être répandues pour le déneigement des routes. C'est une source de polution. Fabrice préfère dire que son équipe met en oeuvre une utilisation raisonnée des produits phytosanitaires. Il espère qu'une fois encore la commune servira d'exemple pour les habitants dans leur pratique du jardinage.

Malgré l'engouement actuel pour l'apiculture, certaines villes semblent faire machine arrière et veulent fermer leur rucher. Des municipalités souhaitent récupérer les terrains qu'elles avaient prêté pour l'installation de rucher. En Ile de France, les terrains valent chers, la pression immobilière est énorme. A Malakoff, le rucher est géré directement par la ville et non par une association. C'est pour Fabrice une preuve d'engagement de sa ville et une meilleure garantie de pérennité.

Il en est convaincu : la commune va continuer, pendant de longues années encore, à offrir un petit pot de miel aux jeunes mariés et aux nouveaux habitants.

http://agaa.fr/475

Ah …. le miel et les jeunes mariés, une histoire qui, comme vous le verrez sur notre site, remonte à des millénaires et que la ville de Malakoff perpétue toujours avec bonheur.

Pollen, propolis : les autres trésors de la ruche

Maurice Maeterlinck, écrivain belge et apiculteur amateur, appelait cette poudre la « farine d'arc-en-ciel ». Farine rouge, orange, jaune, verdâtre, mauve ou presque noire, elle prend la forme de petites pelotes, « ferments d'amour de toutes les fleurs du printemps » pour le poète.

Pour Nicolas, il s'agit plus prosaïquement du pollen et c'est aujourd'hui le cœur de son activité. Docteur en sciences spécialisé en nutrition humaine et formé à la Faculté de Médecine de Clermont-Ferrand, il a un jour croisé la route des abeilles pendant sa thèse. Ou plutôt il a croisé la route d'un passionné d'abeilles, Patrice Percie du Sert. Cet apiculteur reconnu s'intéressait alors à un produit de la ruche moins connu que le miel mais dont les apports pour la nutrition humaine sont remarquables : le pollen

Récolté par les abeilles sur les étamines des fleurs et à peine transformé par elles, cette fine poudre est une importante source de protéines végétales, d'acides aminés, de vitamines, de minéraux et de ferments lactiques. Les abeilles nourricières le donnent à manger aux larves, mélangé à du miel. Il est absolument vital pour assurer la croissance de la colonie. A tel point que pour l'apiculteur, il est un indicateur fiable de la santé de la ruche : lorsqu'il voit les abeilles « rentrer » avec du pollen aux pattes, il sait que la reine a pondu des œufs et que les larves sont en pleine croissance.

Le pollen peut être facilement prélevé par l'apiculteur dans les ruches, grâce à un dispositif appelé trappe à pollen. L'entrée de la ruche est fermée par une grille spéciale, comportant des trous suffisants grands pour laisser rentrer l'abeille sans la blesser mais légèrement trop petits pour qu'elle puisse entrer avec ces 2 pelotes de pollen entières. Ainsi lorsque l'abeille rentre à la ruche chargée de ses pelotes, elle doit forcer un peu, une partie de ses deux pelotes se détachent par frottement et tombent dans un tiroir que l'apiculteur vide chaque jour.

Ensuite, ce pollen est habituellement séché, dans le meilleur des cas au soleil, afin de pouvoir le conserver. Mais le séchage détruit une partie de ses précieux composants. Patrice Percie du Sert a donc breveté un procédé alternatif sans dessiccation, qui combine un emballage sous atmosphère contrôlée et la congélation. Grâce à cette invention Patrice a créé son entreprise de commercialisation de pollen frais

Quelques années après leur première rencontre Nicolas et Patrice se retrouvent par hasard. Nicolas est séduit par l'exposé et la passion de Patrice pour les produits de la ruche. Les deux hommes s'entendent rapidement. L'apiculteur-entrepreneur cherche justement une personne pour gérer le pôle recherche de sa jeune société. Et ainsi Patrice recrute Nicolas, comme directeur scientifique de la société.

Cette entreprise commercialise aujourd'hui une dizaine de variétés de pollens frais en barquette: certains sont certifiés biologiques, d'autres sont issus de fleurs sauvages ou de fleurs cultivées de manière conventionnelle. Certains sont dits monofloraux car ils contiennent un pourcentage élevé de pollen issu d'une même plante comme le ciste, le saule, la ronce, la bruyère ou le châtaignier. Il suffit à l'apiculteur d'avoir placé ses ruches dans une zone saturée par cette plante au moment où elle émet le plus son pollen.

Les recherches poursuivies par Nicolas sur la connaissance des compositions nutritionnelles spécifiques de chaque pollen permettent à sa société de proposer à leurs clients des pollens qui peuvent favoriser le transit, diminuer l'anxiété ou bien adaptés aux besoins des seniors ou des enfants en pleine croissance.

L'approvisionnement en pollen reste un problème important pour la société qui emploie Nicolas. Chute des populations d'abeilles oblige. Mais aussi parce que prélever du pollen sur une ruche est moins anodin que prélever du miel. En temps normal, les trappes sont installées en alternance à peine quelques jours de suite, et généralement au printemps, lorsque les fleurs sont abondantes et que les abeilles récoltent un maximum de pollen. L'apiculteur doit le faire avec parcimonie et raison, car il pourrait amputer sa colonie des protéines qui servent à élever les futures générations d'abeilles.

Pour s'approvisionner, la société entretien un réseau d'apiculteurs, en France, en Espagne, en Italie et en Roumanie. Ce réseau s'est engagé à respecter un cahier des charges rendu particulièrement strict afin de respecter un développement durable de l'abeille et une qualité phytosanitaire des produits. Ces apiculteurs sont audités régulièrement, leurs pollens sont analysés en permanence sur environ 150 molécules contaminantes.

L'abeille a bonne presse, elle véhicule une image de « produit sain et naturel ». Les consommateurs y sont de plus en plus sensibles. Aujourd'hui Nicolas cherche à répondre à cette préoccupation en s'intéressant à d'autres produits de la ruche qui ont prouvé leur efficacité pour la santé humaine. C'est le cas de la propolis, une résine végétale récoltée par les abeilles.

Pastilles, gommes, sirop et autres sprays à base de propolis fleurissent depuis quelques temps dans les rayons des parapharmacies. Cependant, Nicolas invite les consommateurs à la vigilance. La propolis, dans le marketing de la santé, a le vent en poupe mais il peut y avoir tromperie :
- Sur la quantité de propolis réellement mise en œuvre dans le produit fini.
- Sur le type de propolis utilisée : verte, rouge, de peuplier, du Pacifique, de Méditerranée… où chacune a sa composition et ses indications propres.
- Sur sa pureté ou la présence de substances dangereuses.
- Sur les contre-indications et les risques allergiques qui peuvent apparaître.

Comme d'autres, Nicolas est convaincu que les produits de la ruche mériteraient en France une plus large place pour soigner les hommes. Cest déjà le cas dans d'autres pays qui les utilisent dans les hôpitaux, en parallèle des molécules de synthèse. Tout d'abord il faut rassurer, à la fois les patients et les professionnels de santé, sur la qualité des produits, et éliminer les marchands de faux produits. Bref il faut faire le ménage dans la filière commerciale et ne garder que le meilleur de ce que les abeilles ont à nous offrir.

http://agaa.fr/352

Rendez-vous sur notre site : découvrez les activités de la société de Nicolas et commandez ses produits.

Antoine, Melissa, Christophe, Florian, Hervé et les autres....

12h30, l'heure de pointe à la cantine. Les ordinateurs s'éteignent, les bureaux se vident. Par petits groupes, chacun descend déjeuner. Florian lui aussi se prépare, il enfile sa tenue blanche. Il n'est pas cuisinier, il est l'un des apiculteurs bénévoles de la société Systra.

Ce midi, ils seront 6 autour de Florian. Pour la plupart d'entre-eux ce sera la première fois qu'ils monteront au rucher sur l'une des terrasses du bâtiment. La première fois aussi qu'ils mettront une combinaison de protection d'apiculteur. Les combinaisons sont prêtées par l'association créée spécialement pour s'occuper des ruches de l'entreprise. Chaque intervention sur une des 4 ruches est l'occasion d'emmener des adhérents de l'association à la découverte de l'apiculture. Les visites sont dirigées à tour de rôle par les membres du bureau. Ils se relaient en fonction des contraintes et des déplacements professionnels. A chaque fois, un apiculteur confirmé prend le temps d'expliquer ses gestes, de nommer les éléments de la ruche, de montrer le couvain, les ouvrières, la reine... Mais les collaborateurs n'ont que l'heure du déjeuner pour intervenir sur le rucher. Les manipulations se font lentement pour laisser le temps à tous de bien voir et de poser des questions. L'apiculteur n'aura pas le temps de finir complètement les opérations commencées. Il faudra revenir rapidement.

Ce n'est pas très grave, ce sera l'occasion de convier d'autres adhérents de l'association à découvrir l'apiculture. L'association est née en 2014 après une première saison apicole réussie. Les premières ruches ont été installées en 2013, avec l'aide d'un apiculteur chevronné. L'installation de ce rucher au sein de la société n'a pas été simple. La première demande d'installation formulée auprès de la direction et du comité d'entreprise a été repoussée à cause de l'imminence d'un déménagement du siège social. Après ce changement d'adresse, il a fallu ensuite convaincre la direction et les organisations représentatives du personnel. Ce travail de pédagogie a porté ses fruits car un membre du directoire a soutenu l'initiative. Il restait ensuite à prévoir les conditions d'accès aux terrasses et à rassurer sur la sécurité des collaborateurs. Dans cet immeuble moderne aux normes HQE, les fenêtres ne s'ouvrent pas. Le risque de piqûre est faible.

Il y a eu peu de réticence de la part des collaborateurs. Au contraire ils sont fiers de leurs ruches et apprécient l'initiative. La vente du miel de l'entreprise en témoigne. Entre 300 et 400 petits pots de miel ont été distribués ou vendus aux salariés. La demande a été forte, il a fallu limiter à un pot par personne. Il n'y en a pas eu assez pour tout le monde.

L'association n'a pas eu de mal à recruter environ 90 adhérents qui s'impliquent régulièrement dans ses actions. Il y a bien sûr les activités apicoles, comme l'entretien du rucher et la mise en pot, mais il a fallu aussi mettre en place des outils d'organisation internes et développer des actions de sensibilisation à l'apiculture. Par exemple, un blog informe régulièrement sur la vie du rucher. Ils ont été nombreux à donner un coup de main. Ainsi le responsable du restaurant d'entreprise a prêté sa cuisine pour la préparation du sirop de nourrissement des colonies pour l'hiver.

La direction, elle aussi, apprécie cette initiative. Quelques pots ont été réservés et offerts aux clients. Ces activités apicoles sont mêmes mises en avant dans les présentations sur le développement durable dans l'entreprise.

Devant cet enthousiasme, une entité en région envisage elle-aussi d'installer des ruches sur son site.

L'arrivée de ruches dans l'entreprise a eu d'autres conséquences moins prévisibles.

L'association a créé un nouveau lien social dans l'entreprise entre collaborateurs. Elle a réussi à fédérer des personnes d'âges, de métiers, de profils différents, qui ne s'étaient jamais côtoyées. Ils partagent un même projet et une même passion. Ce succès encourage de nouvelles associations à se lancer. Un projet de potager partagé serait à l'étude.

Les ruches interpellent aussi la créativité de certains ingénieurs de cette entreprise spécialisée dans les infrastructures de transport. Ils envisagent de mettre en place des micros dans les ruches, pour écouter et déterminer l'intensité de l'activité de la colonie. Des compteurs d'abeilles à l'entrée des ruches vont aussi être étudiés. Avec une question en filigrane : ces systèmes sont-ils transposables au comptage des voyageurs qui entrent dans une gare?

Demain, les gares seront-elles plus accueillantes et plus pratiques grâce à une association qui aura installé des ruches sur les toits d'une entreprise?

http://agaa.fr/362

La parole aux salariés ! Retrouvez un lien vers leur blog sur notre site.

Le chercheur d'abeilles

L'appel téléphonique est inquiétant. Dans un rucher de l'Orne, sur 28 abeilles analysées, 14 seraient d'origine africaine. Est-ce une nouvelle invasion? Après le frelon asiatique et l'aethina tumidae venus d'Asie, la France tomberait-elle sous la domination des abeilles de la lignée Africaine ? A l'autre bout du fil, Lionel Garnery, chercheur au CNRS, reste serein. Il croit plutôt à une erreur de manipulation de l'opérateur lors de l'analyse morphométrique des ailes d'abeilles. Ce spécialiste de l'abeille noire ne craint pas à une invasion d'abeille africaine, il est par contre plus préoccupé par l'importation massive d'abeilles Buckfast par des apiculteurs professionnels.

La France métropolitaine se trouve dans l'aire de répartition naturelle des abeilles de la lignée « nord méditerranéenne ». Il existe aujourd'hui officiellement 4 lignées, correspondant à des aires géographiques, permettant de définir les races ou les sous-espèces d'abeilles. L'abeille endémique de la France métropolitaine est l'abeille noire. Lionel, après un doctorat et des recherches sur la répartition des races d'abeilles dans le monde, s'est dirigé vers la recherche appliquée. Il est aujourd'hui la référence en France sur l'abeille noire. Il y a en Europe 13 ou 14 sous-espèces. Ce sont des abeilles qui se sont adaptées aux conditions locales. Il constate qu'en France nous sommes actuellement en train de perdre notre sous-espèce en remplaçant la population des abeilles locales par des souches d'abeilles importées. Il y a encore en moyenne 73 % d'abeilles Noires en France, mais la répartition est très inégale par région. Il y existe des régions où il n'en reste pratiquement plus, puisque 96% des abeilles sont de souche importée. Par exemple, en Ile-de-France, 70% des souches des abeilles analysées sont d'origine étrangère. Ce phénomène est dû est à quelques amateurs curieux de tester une sous-espèce d'abeilles, et surtout aux apiculteurs professionnels qui cherchent une race d'abeille plus productive que l'abeille noire. En France, les apiculteurs ont toujours importés des abeilles. Il y a eu des modes : l'italienne, l'italo-caucasienne... Ce n'était pas grave tant que cela restait épisodique.

Ce phénomène s'est amplifié depuis 1995 avec les premières mortalités massives dues à l'utilisation des insecticides systémiques. Il y a eu 90% voire 95 % de pertes. En France, il n'y avait pas filière d'élevage de reine d'abeille, en particulier de race locale. Les apiculteurs qui ont perdu des abeilles, pour reconstituer leur cheptel, ont donc été obligés d'acheter à l'étranger.

Aujourd'hui encore, les réseaux de producteurs en France ne font pas assez de reines pour répondre à la demande.

Lionel veut mettre en place des conservatoires de l'abeille noire et des réseaux de production de reines pour relancer une apiculture durable. Ces conservatoires sont des zones géographiques d'un rayon d'au moins 7km où les apiculteurs s'engagent à ne travailler qu'avec des abeilles noires et à rejeter les souches d'abeilles importées. Régulièrement des abeilles sont prélevées dans les ruchers pour identifier la population. L'aile des abeilles permet de définir la lignée Africaine, nord-méditéranéenne, sud-méditanéenne....

Sur les 14 conservatoires de l'abeille noire en France, celui de l'île d'Ouessant est le plus connu. C'est une zone franche, sans maladie ni varroa. L'île ne comporte que 140 à 150 colonies. Aussi, elle est à la limite de perdre aléatoirement la spécificité génétique. Il y a deux modalités possibles pour l'évolution des populations. Les populations de grand effectif où la sélection naturelle est le moteur de l'évolution et les populations de petit effectif où la sélection naturelle joue moins et où ce ne sont que des processus aléatoires qui interviennent. Il y alors risque de perte de polymorphisme, d'augmentation de la consanguinité... et d'un seul coup la population peut s'effondrer.

Dans le cas d'Ouessant, faut-il laisser la population d'abeilles évoluer en prenant le risque de la voir s'effondrer à un moment? Ou bien faut-il réintroduire du polymorphisme en important des abeilles ou du sperme d'abeilles du continent en prenant le risque d'introduire des maladies ou des virus ?

Pour défendre l'abeille noire, Lionel veut développer les conservatoires d'abeilles noires partout en France et les associer à des éleveurs locaux de reines qui produiront des génitrices bien adaptées à leur région. Il souhaite ainsi éviter le piège du productivisme où un seul producteur de reines inonderait le marché en France. Les reines vendues par cet éleveur ne seraient, de fait, pas toujours bien adaptées à chaque région française. Ce ne serait pas plus intelligent que d'acheter des reines d'importation.

Avec l'abeille noire, Lionel croit à une apiculture durable avec deux fois plus d'abeilles dans les exploitations apicoles, mais deux fois moins de travail pour l'apiculteur. Il doit en convaincre les professionnels.

Les apiculteurs professionnels choisissent souvent l'abeille Buckfast car c'est une abeille productive et non agressive.

La Buckfast produit beaucoup de miel, car la reine pond tout le temps. Les ruches sont très peuplées avec beaucoup d'ouvrières pour collecter le nectar. Cette population nombreuse a besoin de beaucoup de réserves pour passer l'hiver. L'apiculteur est obligé de lui apporter du sucre avant l'hiver pour aider la colonie à passer la période froide. Pour Lionel, ce système productiviste n'est rentable que parce que le prix du sucre est moins cher que celui du miel.

Quant au caractère d'agressivité, il est lié à la défense du nid. La Buckfast, trop douce, est incapable de se défendre si un pathogène entre dans l'aire de répartition.

Les pesticides sont un danger pour les abeilles, mais il n'y a pas que ça. Quand les apiculteurs importent des abeilles qui ne sont pas adaptées, il est normal que la sélection naturelle rogne sur les populations. L'importation d'abeilles non adaptées augmente les pertes et les pathogènes qui circulent.

Par exemple, avec l'importation d'abeilles d'Italie, les pathogènes de ces abeilles sont aussi importés. Abeilles et pathogènes ont co-évolué ensemble. Les abeilles ont plus ou moins développé des moyens de se défendre. Mais arrivés en France, ces pathogènes vont aussi toucher l'abeille locale qui n'avaient pas forcément été mise en contact avec eux auparavant et qui ne saura pas forcément se défendre. Et inversement. L'abeille locale a ses propres pathogènes que n'avait pas obligatoirement l'abeille importée. Avec un tel mélange explosif, une simple dose de pesticide suffit pour décimer les populations.

Alors les apiculteurs travaillant avec des abeilles Buckfast sont obligés d'intervenir beaucoup sur leurs ruches pour réguler la population, traiter les maladies et nourrir abondamment pour l'hiver. L'abeille noire est économe, elle produit moins que certaines abeilles importées. Mais, mieux adaptée localement, elle est plus résistante et nécessite moins de nourrissement.

Le travail de sélection de souches productives de l'abeille noire a longtemps été négligé. Le partenariat conservatoire et producteur de reines peut développer cette activité.

C'est sûr : pour Lionel, une apiculture durable est possible. Il n'est pas évident de changer les habitudes des apiculteurs professionnels. Alors il continue, avec les conservatoires et les volontaires, à tenter de défendre l'abeille noire.

http://agaa.fr/366

Sur notre site creusez la question de l'abeille noire, un lien vers le Conservatoire de l'abeille noire en Ile de France et les publications de Lionel.

Le berger d'abeilles

Paul aime les abeilles bien sûr, mais aussi les oiseaux. Il les écoute, les observe, les photographie, les dessine et les protège. Son jardin est parsemé de nichoirs de différentes formes, et de toutes tailles. Ils sont adaptés à chaque espèce. Il les a construit lui-même en bois. Car Paul est menuisier de formation et étrangement, c'est par la menuiserie qu'il a découvert l'apiculture.

Paul était aussi pompier professionnel. Un jour, un collègue apiculteur amateur lui a demandé de l'aider à fabriquer des ruches. Paul a donc construit les ruches puis a suivi son collègue dans son rucher, découvrant par la même occasion un univers fascinant. La passion est ainsi née. Son collègue lui a enseigné les bases de l'apiculture. Puis Paul s'est perfectionné tout seul. Les ruches et les abeilles ont pris une part de plus en plus importante dans sa vie. Paul était devenu ce que l'on pourrait appeler un apiculteur « semi-professionnel ». Il avait ses propres ruchers et faisait aussi de la transhumance, implantant temporairement des ruches dans les champs voisins au rythme des floraisons. Pour l'agriculteur, exploitant du champ, l'installation de ruches va favoriser la pollinisation et donc la fructification. Les récoltes en seront améliorées. Avec la transhumance, l'apiculteur apporte à ses abeilles une source abondante de nectar et de pollen qui vont favoriser le développement des colonies et la production de miel. Tout le monde y gagne : agriculteur, apiculteur, abeilles.

Les récoltes de miel furent de plus en plus productives. Le petit extracteur manuel ne suffisait plus. Il était exténuant de tourner sans relâche la manivelle pour extraire les centaines de kilos de miel des cadres prélevés sur les ruches. Un ami prêta un moteur électrique. En bricolant, Paul le relia avec une courroie à l'axe de l'extracteur. Le petit extracteur connu alors une seconde vie.

Les saisons s'enchaînèrent mais pas sans difficultés.

Un agriculteur par maladresse noya les colonies que Paul avait installées dans son champ. Le cultivateur avait décidé d'arroser ses cultures en pleine journée alors que les abeilles butinaient. Ce paysan n'a jamais compris la différence qui pouvait exister, pour les abeilles, entre un arrosage mécanique pour grandes cultures et une pluie d'été. Les abeilles ne peuvent survivre à un torrent d'eau déversé par un jet imprévisible au débit énorme et saccadé. Habituellement, dès les premiers signaux météorologiques annonçant de fortes pluies, les prudentes abeilles rentrent à la ruche. Évidemment, il n'y eu cette fois là aucun miel à récolter dans ce champ, et, en plus, l'extermination des colonies compromit toute la saison. Sans abeille pas de miel. Paul dû trouver de nouveaux essaims pour refaire son cheptel. Cette année-là, il perdit de l'argent.

Aux problèmes apicoles s'ajoutèrent des complexités fiscales lors de la vente du miel. Paul se découragea un peu au fil du temps. Aujourd'hui, il veut lever le pied et ne souhaite garder que quelques ruches dans son jardin : il utilise son miel pour faire des confitures et en vend uniquement aux connaisseurs qui viennent le voir chez lui. Il a rendu le moteur électrique à son propriétaire. Il n'était plus utile.

Paul reste toujours passionné et curieux de la nature. A bien y regarder, son rucher est hétéroclite, il a des ruches de type différents : des « Dadant » et, plus rares, des « Voirnot » qu'il a remises en état. L'apiculture lui donne le prétexte de bricoler son propre matériel, comme un cérificateur solaire qui lui permet de récolter, en plus du miel, sa propre cire. Il alimente son enfumoir avec de la paille de lin qui lui sert aussi à faire du torchis pour une annexe qu'il construit à sa maison.

Quand les pompiers l'appellent, Paul récupère de temps à autre un essaim sauvage qui s'est posé dans un arbre d'une ferme ou d'un village. Cet essaim vient compléter son rucher s'il a une ruche vide. Mais la plupart du temps il le donne, comme il l'a fait pour aider Jacques, un apiculteur amateur débutant. L'année dernière Jacques a perdu toutes ses colonies. La population dans les ruches a chuté brutalement. On ne sait pas pourquoi. Peut-être ont-elles absorbé dans les champs avoisinant un cocktail de pesticides qui les a désorientés et les a empêché de retrouver le chemin de la ruche? Dans ces

ruchers installés aux portes de la Beauce on ne sait pas très bien ce qui se passe dans les champs.
.

http://agaa.fr/480

Quel est le point commun entre les moutons, les vaches, les chèvres et les abeilles ?? Ils transhument, comme le montre une belle vidéo sur notre site. Quand les apiculteurs se transforment en bergers...

Le doc des abeilles

Nicolas vient de procéder à la première observation globale. Il prend maintenant son stéthoscope et s'approche pour une auscultation plus précise de son patient. Ou plutôt de ses patientes. Non : son patient. Quoique…

Finalement, un essaim d'abeilles, est-ce 60 000 insectes qui vivent ensemble ou bien LE super organisme dont parlent certains livres ?

Les deux sans doute.

Quand Nicolas pose son stéthoscope pour écouter le bruit de l'essaim à travers la ruche, c'est le super organisme qu'il considère. Et ce super organisme, en fonction de son bourdonnement, renseigne sur des aspects de son état de santé (présence de la reine ou bien ruche orpheline de sa « mère » par exemple).

Lorsqu'il observe des ouvrières pour vérifier leur morphologie et leur comportement, ou lorsqu'il prélève des abeilles mortes pour des analyses en laboratoire, ce sont bien les individus qu'il prend en compte.

C'est ce qui rend ce genre de patient si particulier pour ce vétérinaire apicole, qui soigne par ailleurs beaucoup d'animaux domestiques plus ou moins communs.

Pour Nicolas, les abeilles sont loin d'être un patient facile. Pour la raison invoquée précédemment d'abord. Ensuite parce qu'on ne peut absolument pas, comme pour les autres animaux, contrôler leur alimentation, un facteur clé de la santé de tout être vivant. Il aime à dire que « l'apiculteur est un fermier sans terre » : ses abeilles butinent où bon leur semble dans une zone difficile à délimiter avec exactitude. Elles optimisent leur quête de nourriture, quitte à aller piller les réserves de ruches affaiblies par une maladie, se retrouvant ainsi elles-mêmes contaminées.

Dans le rucher, l'apiculteur se tient tout près de Nicolas. Il est probablement inquiet pour ses abeilles, comme le sont souvent tous les propriétaires d'animaux qui se décident à faire appel à un vétérinaire. Impressionné tant par l'enjeu que par le professionnalisme de Nicolas, il répond à ses questions le plus précisément possible.

L'examen clinique se poursuit : après avoir étudié l'environnement extérieur, il observe les abeilles en vol autour de la ruche, et écoute le bruit de l'essaim. Le moment d'ouvrir la ruche est venu, il va examiner scrupuleusement les cadres un par un, tous les sens en éveil.

C'est à un audit complet, rigoureux et scientifique auquel Nicolas se livre avant de pouvoir commencer à dégager un premier diagnostic. Viendra ensuite, comme chez tout vétérinaire, l'établissement d'un traitement.

L'apiculteur y prendra sans doute une part active car traiter une ruche malade peut relever de gestes techniques apicoles. Par exemple, Nicolas pourra lui demander, en fonction du diagnostic, de transvaser entièrement l'essaim dans une nouvelle ruche saine. Si le cas est plus grave, il faudra peut-être détruire l'essaim, brûler le matériel... Ce sera difficile, autant que de prendre la décision de se séparer de son chat devenu trop vieux et qui souffre. Les abeilles ont beau être de petits insectes, il n'est pas rare de voir les apiculteurs ressentir pour leurs colonies un attachement authentique et fort. Ce n'est pas pour rien que certains les appellent « mes filles ».

La prescription pourra aussi prendre la forme d'une ordonnance. Car il existe bel et bien des médicaments conçus spécialement pour les abeilles. Ils sont soumis, comme pour les humains ou les animaux domestiques ou animaux d'autres élevages, à une Autorisation de Mise sur le Marché (AMM).

Nombreuses sont les menaces qui pèsent aujourd'hui sur les abeilles. Jusqu'ici tant que la santé des abeilles ne posait pas problème, les vétérinaires étaient assez éloignés du monde apicole. Désormais ils ne sont pas de trop pour voler au secours des abeilles.

Contre le parasite varroa destructor tout d'abord. Arrivé dans les années 80, peu connu du grand public, il est leur première cible. S'y ajoutent les effondrements de populations d'abeilles : à partir du milieu des années 90, les apiculteurs passent de pertes de ruches de 5 à 10 % habituellement à des pertes supérieures à 30%. Nul autre élevage ne connaît de tels chiffres.

Enfin arrivent presque conjointement les produits phytosanitaires nouvelle génération utilisés dans l'agriculture, dits systémiques, accusés d'être à l'origine d'empoisonnement massifs, de désorientation des abeilles.

Vétérinaire « classique » depuis de nombreuses années, Nicolas a reçu plus récemment une formation spécifique en apiculture et pathologie apicole à l'école vétérinaire de Nantes, l'ONIRIS, le seul endroit en France qui dispense ce type de formation. C'est son goût personnel et un intérêt profond pour cet animal si fascinant qui l'ont conduit là. Il se réfère volontiers à Aristote : en matière de description des abeilles et de leur élevage, il constate avec admiration que tout était déjà écrit dans son Histoire des animaux, presque quatre siècles avant J.-C.

Pour Nicolas, la médecine vétérinaire apicole n'en est encore qu'à ses balbutiements. Rares sont en France – et même dans le monde – les professionnels qui comme lui cumulent des compétences vétérinaires et apicoles. Ils se font connaître auprès des apiculteurs en créant des blogs ou en organisant des journées de formation sur les pathologies des abeilles pour les apiculteurs débutants et professionnels.

La profession apicole ou les apiculteurs amateurs restent cependant encore frileux. En premier lieu parce que les apiculteurs ont l'habitude de recourir à des pairs expérimentés pour régler leurs problèmes « en famille ». Ensuite parce que les vétérinaires ont la réputation de facturer leurs interventions assez cher. Un vétérinaire qui officie dans un rucher, c'est encore très neuf. Pourtant, face à l'urgence, le paysage apicole se modifie sous l'impulsion des pouvoirs publics. Le Plan pour le Développement Durable de l'Apiculture de février 2013 prévoit officiellement de « placer la thématique apicole dans l'enseignement agricole et vétérinaire » et de « former du personnel technique encadrant la filière ».

La loi d'avenir agricole du 11 septembre 2014 précise, dans son article 47, que les techniciens sanitaires apicoles interviendront désormais "sous l'autorité et la responsabilité d'un vétérinaire pour des actes précisés par arrêté ".

Nicolas est satisfait de voir que les vétérinaires vont prendre une place plus importante dans la gouvernance apicole en France.

Maintenant, il ne lui manque peut-être plus qu'une chose : posséder ses propres ruches.

http://agaa.fr/455

Les abeilles ont leurs vétérinaires et leurs techniciens sanitaires apicoles pour prendre soin d'elles ! Sur notre site, découvrez des informations sur les nouveautés de la profession, l'interview d'un vétérinaire spécialisé et un lien vers un blog vétérinaire apicole.

Meilleur ouvrier de la ruche

Le Poislay n'est pas dans les guides touristiques. C'est une petite commune rurale du Perche de 200 habitants. Sa renommée est uniquement régionale. Elle est connue pour accueillir chaque 1er mai le pèlerinage de Saint Marcoul dans son église du XIIème siècle. Mais la fierté des habitants, c'est Patrick Roger, un enfant du pays. Un garnement qui après avoir fait les 400 coups dans le village connaît aujourd'hui un succès international.

Patrick est un chocolatier, un grand chocolatier. Il a été consacré Meilleur Ouvrier de France en 2000 et possède 8 magasins. Le miel est un composant de choix de ses créations. Patrick possède d'ailleurs ses propres ruches.

Posséder des ruches était une évidence pour ce petit-fils d'apiculteur et d'agriculteur. Il a toujours côtoyé les abeilles dans la ferme du grand père. La ruche faisait alors partie de la culture paysanne. Mais, enfant, Patrick n'avait pas le droit d'aller aux ruches. Il avait juste le droit de manger du miel.

Quand Patrick s'est installé à Sceaux, en région parisienne, il lui a paru normal de créer un potager autour de son laboratoire. Avoir un jardin ça ne coûte rien. Mettre des ruches, ça ne coûte pas grand-chose non plus… et ainsi, tout simplement, Patrick a posé des ruches dans son jardin. Les produits récoltés, commes les herbes aromatiques et le miel, sont intégrés dans ses préparations.

Patrick fait aussi appel aux abeilles pour la pollinisation des fleurs d'un verger d'amandiers qu'il exploite dans les Pyrénées Orientales. Chaque année près d'une centaine de ruches sont louées aux apiculteurs de la région.

A Sceaux, les abeilles butinent dans les jardins des particuliers ou dans le grand parc situé à proximité. En ville les abeilles ne sont pas agressées par les pesticides. Il n'y a pas de problèmes d'insecticides ou de fongicides. Elles bénéficient en outre d'une grande biodiversité qui permet, par ruche, une production de 30 à 35kg de miel par an. Patrick n'a pas le temps de s'occuper lui-même des ruches. Il en a confié la gestion à un apiculteur professionnel. Il essaye néanmoins d'être présent à chaque intervention importante comme la récolte réalisée fin juillet.

La production de ces ruches est insuffisante pour couvrir le besoin en miel de son entreprise. Patrick utilise 6 sortes de miels différents pour ses créations: nougat, caramel, chocolats... Dans les compositions à base de chocolat, le miel peut être cuisiné de plusieurs manières. Le but n'est pas de le cuire, surtout pas. Il est travaillé à 30° afin d'en conserver tous les arômes et propriétés. Le miel de Sceaux est notamment utilisé pur, coulé à l'intérieur d'une coque en chocolat. A chaque fois, les recettes sont adaptées à la texture des miels. C'est la nature qui guide car les miels ne sont jamais identiques. Par exemple, un miel de châtaigner est toujours liquide, mais sa vitesse d'écoulement est à chaque récolte différente. Lors de la préparation, le pâtissier s'adapte à la spécificité du miel travaillé.

Patrick exploite les qualités gustatives de chaque miel, aussi bien des miels très typés comme le châtaignier ou la lavande que des miels toutes fleurs. Car même un miel toutes fleurs qui vient du Perche n'aura pas le même goût qu'un miel toutes fleurs de la région parisienne. Le goût d'un miel dépend de chaque rucher. L'arôme du chocolat est tellement puissant qu'il pourrait dénaturer ce parfum. Il faut donc travailler l'alliance du miel avec le chocolat avec précaution. C'est sans doute dans un nougat que la subtilité d'un miel va être la plus facile à conserver.

L'approvisionnement en miel est un combat perpétuel, notamment pour le miel de lavande. Patrick est toujours en veille pour trouver le meilleur miel issu directement du producteur. Parfois cette rencontre avec l'apiculteur peut se produire tout simplement sur un salon de l'agriculture. Mais le plus souvent, Patrick découvre les bons produits par l'intermédiaire de ses connaissances. Il sollicite régulièrement ses proches pour dénicher un bon producteur. La même méthode d'identification des fournisseurs est mise en application pour plusieurs des ingrédients travaillés dans le laboratoire. C'est notamment le cas avec les noix. A chaque fois, il faut trouver la bonne personne au bon endroit avec le bon produit.

…Et plus, il faut que cette personne ait à vendre une quantité suffisante pour approvisionner ses ateliers. Par exemple, il a besoin de 200kg de miel de maquis. Pour ce miel, Patrick a en confié la recherche à une ou deux personnes en Corse. Pour le miel du Perche, ce sont ses propres parents qui partent en quête des fournisseurs. Ils connaissent les petits producteurs locaux et ils achètent la récolte parfois entièrement, si l'apiculteur accepte de la vendre. C'est alors un gros jeu de séduction. Ils achètent 20kg par ici, 30 kg par là. Au final, cette collecte crée une vraie diversité qui plaît au chocolatier. C'est comme la vanille de Madagascar où chaque petit producteur apporte son kilo ou son demi-kilo pour constituer un stock plus gros qui peut être exporté.

L'origine du miel n'est pas un critère de choix pour Patrick, c'est véritablement le goût qui prime. L'identité d'un miel, c'est son jardin, c'est-à-dire son environnement floral, sa nature et sa spécificité. Patrick utilise du miel dans ses recettes simplement parce que c'est bon. Il n'a pas besoin de tout spécifier ou de tout justifier. Il ne travaille pas comme les cuisiniers qui mettent en avant sur leurs cartes le terroir ou la région. Il va juste chercher le miel dont il a besoin là où il est produit. C'est comme la pêche ou la prune qui va être cueillie dans un jardin au bon moment, à la bonne maturité. Sa variété en réalité importe peu, la seule chose qui a vraiment de l'importance c'est son goût. Il faut juste trouver le bon produit. Pour Patrick, son métier est de transformer le produit pour le sublimer ou tout simplement le retranscrire dans ses créations.

Au final, et comme par magie, il n'arrive dans son laboratoire que de bons produits. D'une manière générale, Patrick ne mange que de bons produits. Il se décrit lui-même comme étant « mal élevé » parce qu'il n'a à sa disposition que le meilleur. Jusqu'à 16 ans, il n'avait jamais mangé de boîte de conserve. Sa famille vivait « locavore ». On mangeait ce qui était fabriqué sur place ou ce qui poussait dans le jardin. Aujourd'hui encore, Patrick le reconnaît, il a la chance de ne manger que ce qui est bon. Le reste, il ne sait même pas que ça existe. Il ne connaît pas la mal-bouffe. D'un point de vu gustatif, il ne croise jamais le « mauvais ». Il est tout autour, mais il n'est pas là où est Patrick. Du chocolat mauvais ça n'existe pas dans son univers…

Patrick s'inquiète de l'augmentation du nombre de réglementations à respecter. Aujourd'hui, tout doit être codifié et normalisé. Les produits doivent être standardisés. Or la diversité c'est la richesse. Cette standardisation est irréversible. Patrick lutte contre cette tendance. Pour cette raison, le chocolatier reste évasif sur la composition exacte de ses préparations. En réalité, ça n'intéresse pas vraiment le consommateur qui vient surtout chercher un bon produit. La normalisation conduit lentement à la destruction du terroir. Tout doit être carré, mesuré, codifié. Par exemple, les pots de miel sont aujourd'hui vendus dans un contenant aux volumes standardisés 250g, 500g, 1Kg. Son grand-père versait le miel dans le pot qu'il avait à sa disposition, peu importe sa contenance. Si le pot ne contenait que 400g de miel, ce n'était pas grave. Car, une fois encore, l'important c'est le goût.

Patrick en est convaincu. Alors il va continuer à traquer les meilleurs produits et le meilleur miel en le prenant là où il se trouve… dans ses propres ruches.

http://agaa.fr/368

Quoi de mieux que des images pour voir l'artiste du chocolat à l'œuvre sur notre site

L'abeille au palais « bourdon »

C'est une évidence : au Sénat, on rencontre peu d'abeilles. Les moquettes épaisses et les ors de la République n'attirent pas ces insectes. Les seules abeilles visibles au Palais du Luxembourg sont celles gravées sur le trône de Napoléon exposé dans la salle des conférences. L'abeille était en effet une des composantes de la symbolique impériale. S'il n'y a pas d'abeilles dans les couloirs du Sénat, en revanche il est possible d'y rencontrer quelques défenseurs de l'apiculture dont Joel Labbé, sénateur du Morbihan.

Joël siège au Sénat depuis le 1er octobre 2011, dans le groupe Europe-Ecologie-Les Verts. Son premier mandat électoral a été celui de maire de Saint-Nolff pendant près de 20 ans. Joël a mené plusieurs combats, d'abord localement puis nationalement, contre l'utilisation abusive des pesticides. Ce sujet l'a conduit naturellement à s'intéresser à l'abeille et aux apiculteurs.

A Saint Nolff, Joël a engagé sa commune dans un programme « Agenda 21 ». L'Agenda 21 est une déclaration signée par plusieurs pays au sommet de la Terre de Rio en 1992. Il fixe un programme d'actions très diversifiées pour le XXIe siècle afin de s'orienter vers un développement durable et solidaire, respectueux de la planète et de ses populations.

Sur le territoire de la commune, plusieurs actions ont été initiées dans le cadre de cette démarche, dont le choix de « Zero phyto » pour les espaces verts et l'installation d'un rucher. Le rucher est soutenu par la municipalité, mais géré par une association. Il développe des activités pédagogiques de sensibilisation à l'environnement pour les enfants.

La démarche « Zero Phyto » consiste à bannir l'usage des produits phytosanitaires pour l'entretien des espaces verts et des forêts. Pour Joël, l'objectif est bien sûr d'avoir une approche respectueuse de l'environnement mais aussi de protéger la santé humaine. Légalement, les agents municipaux qui utilisent des désherbants devraient être revêtus de tenues de protection intégrales avec masque lors de l'application du produit. Mais de tels « cosmonautes » aux bords des routes inquiètent les habitants sur la nocivité des produits employés. A chaque utilisation, les pouvoirs publics sont interpellés par des riverains.

Après avoir mis en place le « zero phyto » à Saint Nolff, Joël a porté le sujet devant le Sénat. Son projet de loi a été adopté le 23 janvier 2014. Ce texte de loi prévoit l'interdiction d'utiliser les produits phytosanitaires, d'abord pour les collectivités en 2020, puis pour les particuliers en 2022. La Ministre de l'Ecologie, Ségolène Royal, a décidé de réduire le délai d'application de cette loi de 2020 à fin 2016 pour les collectivités.

Dans le cadre de ce projet de loi, Joël a été conduit à s'intéresser aux difficultés du monde apicole et à la santé des abeilles qui sont particulières sensibles aux pesticides et notamment aux néonicotinoïdes. Il a organisé un colloque en juin 2014 intitulé « Pour une agriculture respectueuse des pollinisateurs » avec de nombreux témoignages de producteurs et de scientifiques. Ce colloque a débattu, plus particulièrement, des risques associés aux néonicotinoïdes, pour l'abeille et les autres pollinisateurs mais aussi pour l'environnement et pour l'Homme.

Car pour Joël, l'abeille n'est qu'un indicateur bien visible illustrant les dangers de ces pesticides systémiques sur l'environnement et la santé humaine. D'ailleurs une étude européenne, à laquelle participe le scientifique Jean-Marc Bonmatin, a montré que les pesticides systémiques avaient un effet nocif sur les abeilles mais aussi sur les invertébrés terrestres et aquatiques, les papillons, les vers de terre, ou encore les oiseaux qui mangent les graines enrobées d'insecticides…

Suite à ce colloque, Joël a déposé un projet de loi visant à interdire les néonicotinoïdes au niveau européen. Il a collecté 173 signatures de députés et de sénateurs soutenant cette initiative. Pourtant en février 2015, ce projet de loi « n'a pas trouvé sa majorité », comme on dit pudiquement dans les salons du palais du Luxembourg. En clair, les sénateurs ont rejeté ce projet de loi. Le gouvernement s'était opposé à cette résolution. Les sénateurs ont suivi cette consigne. Le vote était à scrutin public, c'est-à-dire nominatif. Il est ainsi facile de constater que la résolution a notamment été rejetée par des sénateurs ayant auparavant officiellement apporté leurs soutiens…

Pour Joël, cette situation démontre que les parlementaires ne sont pas libérés de toutes contraintes mais soumis aux influences des instances politiques et à des groupes de pression industriels. Joël aspire à une transition énergétique, une transition écologique, mais aussi à une transition politique avec un changement des pratiques et une reconnexion des politiques avec la population.

Le 19 mars 2015, dans le cadre de la discussion sur le projet de loi relatif à la biodiversité, l'Assemblée Nationale a adopté deux amendements visant à restreindre l'usage des pesticides néonicotinoïdes. Ces amendements étaient demandés par Gérard Bapt et Delphine Batho. Cependant, il serait hâtif de crier victoire. Car lors du passage au Sénat ces amendements pourront être revus et complétés avec de possibles dérogations. Ils pourraient également ne pas être recevables au niveau juridique.

Pour continuer à défendre son projet d'interdiction des néonicotinoïdes au niveau européen, Joël travaille avec le monde associatif (Greenpeace, Générations Futures, Fondation Nicolas Hulot…) et il s'interroge sur la mise en place d'une pétition d'Initiatives Citoyennes Européennes. Lorsqu'une pétition atteint le million de signatures, la Commission Européenne est obligée de recevoir ses organisateurs.

Le sénateur consulte régulièrement les scientifiques, les associations et les ONG. Ses interlocuteurs sont des experts qui disposent souvent d'études précises. Puisqu'il existe des lobbyings économiques et financiers, Joël estime qu'il faut un contre-lobbying avec des groupes d'influence associatifs et citoyens. Ce sont des alliés nécessaires pour faire avancer certaines causes.

Les pesticides ne sont pas les seuls dangers qui menacent la vie des abeilles. Il y a aussi le frelon asiatique. Le sénateur a demandé officiellement lors d'une question au gouvernement le classement du frelon asiatique en nuisible de catégorie 1.

Aujourd'hui, la destruction d'un nid de frelon asiatique est le plus souvent à la charge des particuliers. C'est un frein à l'éradication, même si certaines collectivités locales peuvent prendre en charge une partie de ces coûts. Le classement en nuisible de catégorie 1 permettrait un combat plus efficace contre ce prédateur de l'abeille car l'élaboration et la mise en œuvre de programmes de lutte deviendraient obligatoires au niveau national et départemental. Le Ministre de l'agriculture a annoncé son intention de répondre favorablement à cette demande. La mesure n'étant toujours pas mise en application, le sénateur interpellera de nouveau le gouvernement à ce sujet.

Cependant cette lutte contre le frelon asiatique ne doit pas conduire à déverser des produits fortement toxiques dans l'environnement. C'est le cas avec les produits actuellement utilisés. Ce sont des pesticides avec rémanence qui peuvent notamment intoxiquer les oiseaux se posant dans l'arbre traité. Il existe une alternative efficace et moins toxique avec le dioxyde de soufre. Pour être utilisé, ce produit nécessite une Autorisation de Mise sur le Marché (AMM). Le coût de cette procédure est de 400 000€. L'Etat souhaite que ce coût soit pris en charge par des industriels. Joël veut accélérer et simplifier la mise sur le marché d'un produit dont l'efficacité est reconnue par les professionnels. Il sollicite régulièrement les Ministères de l'Ecologie et de l'Agriculture pour faire avancer ce dossier.

Joel Labbé est très sensible aux problèmes des équilibres naturels. Il s'intéresse à d'autres sujets que l'apiculture tel que celui des huîtres triploïdes.

Les huîtres triploïdes sont des hybrides créées spécialement pour assurer une bonne productivité et une disponibilité toute l'année. Elles naissent en écloserie car elles ne peuvent en théorie se reproduire. Elles sont prêtes à être commercialisées en deux ans au lieu de trois ans pour les huîtres « naturelles » diploïdes. Elles peuvent être mangées toutes l'année, même pendant l'été qui est traditionnellement la période de lactance chez les huîtres diploïdes. Ces avantages font qu'elles ont été rapidement et très largement adoptées par les ostréiculteurs.

Mais ces huîtres hybrides posent plusieurs problèmes. Comme elles grossissent rapidement, elles appauvrissent les ressources de la mer. Ces huîtres ne se reproduisant pas, les ostréiculteurs sont sous la dépendance des écloseurs. Moins bien adaptées à leur environnement, elles sont plus sensibles aux maladies et aux agressions que les huîtres diploïdes. En fixant les maladies, elles contribuent à la détérioration sanitaire des milieux. Dernièrement, on a constaté que ces huîtres triploïdes tendaient à devenir laiteuses et donc pourraient se reproduire notamment avec des huitres diploïdes. Ce croisement serait catastrophique pour le patrimoine génétique de l'espèce.

L'altération du patrimoine génétique et une plus grande sensibilité aux agressions sont les mêmes arguments mis en avant par des scientifiques pour défendre l'abeille noire face à la prévalence de l'abeille Buckfast dans certaines régions françaises.

La défense de l'abeille noire sera peut-être le prochain combat du sénateur Joël Labbé. Comme toujours, il saura trouver auprès du milieu associatif et des scientifiques des alliés pour s'opposer aux lobbyings productivistes. Mais s'il faut légiférer, « trouvera-t-il une majorité » auprès des autres parlementaires?

http://agaa.fr/371

Sur notre site : le coup de sang de Joël Labbé devant le Sénat, sa page Facebook, son site officiel et un petit jeu !

Miel de Paris, pari osé

Le deuxième jour de l'escapade européenne de Madame Satô est consacré à la visite de Paris et de ses expositions. Comme d'habitude, la visite se termine par la boutique du musée. Délaissant les livres sur Monet, Van Gogh, Degas, Renoir... madame Satô trouve un souvenir qui, elle en est sûre, étonnera ses amies : du miel. Mais pas n'importe lequel: un petit pot numéroté de « Miel de Paris » !

L'histoire du « Miel de Paris » débuta comme une bonne blague. C'est ce que cru le Général Cuche, ancien gouverneur des Invalides, en parcourant cette lettre en date du 1er avril. Elle était, sans doute, une farce d'un officier potache. Mais quand Audric l'appela 3 semaines plus tard, il comprit que la demande était sérieuse. Audric voulait installer des ruches, en plein cœur de Paris, sur le site militaire des Invalides....et pourquoi pas ?

Après les douves des Invalides, vint l'Ecole Militaire et puis le musée d'Orsay... Par son audace et sa persévérance, Audric réussit à installer ses ruches dans des lieux prestigieux de la capitale. De nouveaux sites renommés viendront compléter cette liste courant 2015 et 2016.

Audric est convaincu que l'environnement de ses lieux d'exception confère à son miel des qualités exceptionnelles. « Le Miel de Paris » est un produit de luxe vendu dans les épiceries les plus renommées : La Fayette Gourmet, Fauchon, La Grande Epicerie...

Paris est pour les abeilles une source abondante de pollen et de nectar. Du printemps à l'automne, les floraisons des arbres et des buissons se succèdent : mahonia, marronnier d'Inde, tilleuls, sophora du Japon, oranger du Mexique, acacia, buissons de romarin.... Paris ayant adopté depuis plus de 10 ans une démarche phytosanitaire raisonnée, le pollen parisien possède moins de résidus de pesticides que certains miels de zones de grandes cultures ou de régions arboricoles. L'abeille filtrerait les polluants atmosphériques. Des études sur l'aéroport de Genève l'auraient prouvé. Audric est persuadé que le miel parisien est parmi les miels les plus purs comme ceux de montagne, de garrigue, de maquis, des forêts diversifiées, des zones côtières préservées ou de l'île d'Ouessant.

Ce champenois parle de son miel comme d'un grand vin : « un goût de cassis, de fruits rouges avec une note mentholée en fin de bouche ». Les pots de miel reprennent d'ailleurs les codes des grands vins de Bordeaux : contenant en verre, étiquette noire et dorée numérotée et datée à la main, bague d'inviolabilité...

De nouveaux produits, à base de miel ou de cire, viendront bientôt compléter la gamme. A chaque fois, ils combineront un souci de la qualité et un fort ancrage local avec la mise en valeur de lieux emblématiques de Paris.

Cette démarche, qui peut sembler très travaillée, reste en réalité artisanale. Elle s'est construite petit à petit et par opportunité. L'entourage familial est souvent mis à contribution pour la mise en pot et les livraisons. Pour la surveillance et l'entretien de la dizaine de ruches, Audric, qui réside en Suisse, se fait aider par deux parisiens passionnés.

L'un des problèmes de l'installation de ruches en ville reste la maîtrise de l'essaimage. Il faut éviter que la colonie d'abeilles se divise et qu'un essaim parte de la ruche pour fonder une nouvelle colonie. Un essaim en ville est une source de panique au sein de la population. Audric met en pratique plusieurs techniques apicoles pour réduire le risque d'essaimage : changer les reines souvent, mettre les hausses au bon moment pour donner de l'espace à la colonie, changer régulièrement les cires. Pour cet ancien étudiant en philosophie, les raisons de l'essaimage restent mystérieuses : est-ce la conséquence d'un régime autocratique ou au contraire la dictature du prolétariat ? Est-ce la reine qui décide qu'elle doit partir ou sont-ce les ouvrières qui l'incitent à quitter la ruche ?

Ses activités apicoles parisiennes ne développent qu'un revenu de circonstance. Audric s'est lancé en Suisse dans l'installation de ruches en entreprise. Pour cette nouvelle aventure, il s'appuie sur des apiculteurs locaux qu'il coordonne, dans chaque canton.

En Suisse, comme en France, les entreprises adoptent des ruches pour valoriser leurs politiques environnementales et bénéficier de crédits d'impôt. Les premiers clients issus de la grande distribution ou de l'industrie ont déjà souscrit un abonnement. La prestation d'Audric ne se limite pas à l'entretien des ruches, mais inclue des ateliers de sensibilisation à l'écologie auprès de collaborateurs, de clients ou de journalistes. L'abeille choisie en Suisse est la carnica. Une race très douce permettant des manipulations et des démonstrations au plus près du public avec un minimum de contraintes de sécurité.

Inspiré par Google et les entreprises américaines qui connectent les lunettes ou les frigos, Audric veut proposer ses propres ruches connectées. Elles seront installées dans les entreprises. Un prototype est en cours de réalisation avec une balance, des caméras intérieures et extérieures, un compteur d'abeilles, un capteur d'hygrométrie. L'un des cadres du corps de ruche est muni de 60 capteurs techniques ce qui dessine une cartographie de la répartition des abeilles dans la ruche…

Ces ruches connectées pourront contribuer à l'étude scientifique de l'environnement. Elles aideront aussi l'apiculteur à anticiper ou à réagir lors des essaimages, disettes ou miellée soudaines.

Mais leur objectif est surtout de renforcer l'impact de la communication des entreprises hébergeant des ruches. Ainsi, un écran dans le hall d'accueil ou une application mobile dédiée présenteront en temps réel l'activité des ruches d'une entreprise : les entrées, les sorties, les miellés…

Audric croit beaucoup à l'avenir de cette innovation. Ses ruches parisiennes seront sans doute les premières à en bénéficier.

Ainsi, Madame Satô ou le général Cuche pourront garder un œil sur les abeilles d'Audric.

http://agaa.fr/375
Sur notre site, une vidéo du prolifique apiculteur des toits de Paris lors d'une conférence en Suisse, ses sites et pages Facebook

Faites « bee » pour la photo

Il est de belles histoires d'amour qui ne commencent pas nécessairement par un coup de foudre.

Ainsi, lors de sa première rencontre avec les abeilles, Eric Tourneret n'a pas spécialement ressenti d'exaltation. C'était en 1994 lors d'un reportage qu'il effectuait alors auprès d'une ethnie de Madagascar. De l'intérêt certes, mais pas d'embrasement passionné.

Entre Eric et les abeilles, cela s'est plutôt fait petit à petit, comme quelque chose de plus intérieur, intime et puissant. Cette réflexion lentement mûrie a trouvé en lui un terreau doublement propice. Dans ses racines familiales d'abord. Son arrière-grand-père n'était-il pas agriculteur dans la Beauce et propriétaire d'une centaine de ruches?

Vers 2004, il entend les alertes des apiculteurs, qui commencent à se diffuser dans la presse, à propos des produits Gaucho et Regent. Cela l'interpelle.

Le grand public se montre en même temps de plus en plus sensible aux malheurs des abeilles, ces gentilles et sympathiques petites abeilles qui font du miel pour les humains.

Eric, par son métier, contribue à faire croître la cote d'amour pour ces polinisateurs : il les photographie partout dans le monde, il expose ses photos en grand format, les publie dans la presse magazine ou dans ses propres livres.

Pourtant ce qui l'intéresse, au-delà de l'insecte lui-même, c'est de raconter la grande et déjà longue histoire qui lie l'Homme à l'Abeille depuis des milliers d'années. Il aime rappeler qu'au Paléolithique le miel était alors, et pour encore longtemps, le seul aliment sucré disponible pour les chasseurs cueilleurs et que la première boisson alcoolisée est née de la fermentation du miel, donnant l'hydromel. Il aime raconter comment s'est transformée la relation entre les hommes et les abeilles pour aboutir aujourd'hui à notre apiculture moderne. Il aime raconter et montrer à quoi désormais ressemble cette relation aux quatre coins de la planète.

Un apiculteur, pour lui, c'est tout d'abord quelqu'un d'intéressant, d'intelligent, quelqu'un qu'il prend plaisir à écouter, et qui par son bons sens et ses connaissances, lui permet de mieux comprendre comment fonctionne la vie sur Terre. Eric en a rencontré beaucoup. C'est d'Argentine surtout qu'il a rapporté les meilleurs souvenirs. Et du Népal, avec les cueilleurs de miel des falaises. Ces apiculteurs et leurs familles vivent encore dans la nature, ils ont un mode de pensée local, adapté au terrain sur lequel ils vivent. Ils connaissent intimement leur milieu. Ils en exploitent avec intelligence et raisonnablement toutes les ressources, dont le miel fait partie. Ils ont donc développés des savoir-faire multiples et complémentaires. Ils sont multitâches, adaptables et finalement moins vulnérables que nous face aux aléas de la vie.

Eric veut également rendre l'abeille « sexy » pour faire parler d'elle. C'est réussi. Mais il souhaite ensuite ouvrir le débat sur la biodiversité. Depuis près de 100 millions d'années, les abeilles et autres pollinisateurs sont indissociables de l'apparition des plantes à fleurs, donc des fruits et donc de l'alimentation des êtres vivants. Ils forment depuis ce temps une alliance remarquable et suprême. Ils symbolisent l'harmonie et l'accord parfait entre règne animal et végétal. Jusqu'à ce que les hommes, après quelques milliers d'années de bonne entente, ne viennent récemment rompre l'équilibre. Pour la première fois, ils cessent de travailler la terre pour les générations futures, comme le faisaient les anciens en plantant des arbres qu'ils ne voyaient pas eux-mêmes s'épanouir. Ils s'écartent peu à peu de cette terre et raisonnent désormais à court terme.

Eric constate qu'en France, le paysage, qui n'avait déjà plus rien de naturel depuis longtemps, mais qui avait été modelé par ses habitants en équilibre, ne l'est plus. La savante combinaison des éléments, réalisée par nos ancêtres et fondée sur une prudente observation de la nature, est brisée. Et l'abeille, avec tous les pollinisateurs, les oiseaux ou les animaux du sous-sol, se retrouve au cœur de la rupture, au bord du précipice.

Eric était récemment en voyage en Australie. Là-bas, l'apiculture est dynamique, commercialement décomplexée. Elle connaît beaucoup moins de problèmes. Un véritable paradis d'apiculteur. Imaginez donc ! Moins de monoculture, d'immenses forêts d'eucalyptus à disposition de l'appétit des abeilles – on compte près de 850 espèces de cet arbre là-bas – une saison apicole beaucoup plus longue du fait d'un climat plus chaud, une grande diversité végétale, pas de remembrement, très peu de pesticides. Résultat : une ruche australienne peut produire 130 kilos de miel par an en moyenne !

En France, dans nos vertes campagnes, une très bonne, une excellente ruche donnera …50 kilos de miel dans l'année. Parce que les abeilles sont fragilisées par les intrants chimiques et surtout parce qu'elles manquent de fleurs à butiner tout au long de la belle saison. Gavées de colza ou de tournesol pendant quelques semaines, les colonies grossissent. Puis s'effondrent brusquement lorsque ces fleurs fanent. Plus rien à butiner. Avant le remembrement et les arrachages de haies, elles pouvaient compter sur les aubépines, les pruneliers, les sureaux, les ronces qui prenaient le relais… Avant les désherbants, elles pouvaient compter sur les coquelicots, les chardons, les bleuets, les liserons, les tussilages. Désormais les champs sont « nickel chrome », une monochromie magnifique, propre, facile à moissonner. Un véritable désert vert, ou jaune, ou paille, qui condamne les abeilles à mourir de faim.

Pour Eric, c'est certain : les choix des hommes sont directement responsables de la disparition des abeilles. Il est terriblement urgent de sauvegarder ce capital vivant. Il préconise, modestement, de créer des zones de biodiversité de toutes tailles réparties partout où c'est possible. D'arrêter de planter des plantes inutiles. De choisir des plantes qui produisent du nectar et du pollen. De planter des arbres par milliers, et tant pis si nous ne les voyons pas grandir. De transmettre le message aux enfants : « Plantez ! Semez ! ».

Lorsqu'on demande à Eric qu'elle est la photo dont il est le plus fier, il cite « L'envol de la ruche ». Elle a beaucoup touché les apiculteurs qui ont tout de suite salué la prouesse technique que ce cliché recèle. Eric voulait montrer l'abeille dans son environnement – la ruche et la nature – à la fois individu mais faisant partie d'un collectif à l'organisation sociale exemplaire.

Celui qui regarde cette photo adopte le point de vue d'une abeille. Elle est encore dans sa ruche et regarde vers l'extérieur. Au milieu de ses congénères, elle s'est postée tout près de la sortie. Elle aperçoit le ciel bleu et lumineux, un arbre et de l'herbe verte. Face à elle, des butineuses sont en phase d'approche ou d'atterrissage. La lumière semble émaner de l'intérieur de la ruche.

Pour réaliser cet extraordinaire cliché, Eric a longuement posé sa caméra dans la ruche. Ou plutôt il a construit la ruche autour de sa caméra et a placé ensuite ses lumières au millimètre près. Cette photographie est vierge de tout montage, une image brute, prise en 2008 à Claret, dans les environs de Montpellier, enfumoir à la main et quelques piqûres à la clé. Un moment magique, unique.

Eric exposera bientôt ses photos d'abeilles et d'apiculteurs sur les grilles du Jardin du Luxembourg, à Paris. Parce que c'est un lieu public qui attire beaucoup de visiteurs et que les abeilles ont toujours besoin de notoriété. Parce qu'il est à deux pas du Sénat, lieu de débat et de décisions politiques et qu'à ce moment se déroulera justement la Conférence sur le Climat. Car il semble bien que pour sauver les abeilles, il faille désormais agir au plus haut niveau.

http://agaa.fr/395

LA fameuse photo de l'envol de la ruche, enfin, sur notre site. Et aussi toutes les informations sur sa future exposition au Jardin du Luxembourg.

L'abeille à l'hôpital

Imaginez un médicament que l'on trouverait dans la nature, qui serait disponible partout dans le monde, très peu cher, voire même gratuit pour ceux qui le récolteraient eux-mêmes, accessible à tous, facile à utiliser, qui se conserverait presque indéfiniment, dont les vertus seraient reconnues depuis la nuit des temps et que l'on n'aurait donc plus besoin de tester, qui ne provoquerait quasiment aucun effet indésirable ou secondaire, qui serait efficace notamment pour cicatriser les plaies plus rapidement et efficacement, qui traiterait entre autres les affections ORL grâce à ses propriétés anti bactériennes sans effet de résistance ou effet allergène, que l'on pourrait aussi manger du fait de ses qualités nutritionnelles, et qui accessoirement pourrait servir de produit de beauté...
Ce médicament existe : c'est le miel.

Fabien voudrait que tout le monde sache à quel point le miel est extraordinaire. Il est lui-même totalement et définitivement convaincu, comme l'étaient avant lui les peuples anciens de tous les continents qui l'employaient pour leur médecine, comme l'étaient encore récemment les chirurgiens de guerre qui soignaient grâce à lui les plaies des soldats de la première guerre mondiale. Pourtant, en France surtout, le miel est tombé en désuétude. Inexplicablement relégué au rang de produit sucré à étaler sur les crêpes.
Fabien tente de réhabiliter sont utilisation à l'hôpital, comme c'est déjà le cas aux Etats-Unis, en Australie, en Nouvelle-Zélande, à Cuba ou dans les Pays d'Europe de l'Est pour ne citer qu'eux. Il a créé en 2009 sa propre société qui commercialise du miel à usage médical.

Ingénieur en biologie moléculaire et cellulaire de formation, Fabien est arrivé au miel par des voies détournées en s'intéressant tout d'abord aux insectes Il travaille dans une start-up qui évalue des pistes de valorisation des insectes et de leur co-produits en médecine humaine : elle suggère ainsi de s'intéresser soit aux « maggots » (asticots) soit au miel pour des applications dans le domaine de la cicatrisation.

Fabien, conscient du potentiel de ces techniques et riche de l'expérience acquise décide de faire appel à un incubateur pour lancer sa propre activité. Des deux insectes, il choisit l'abeille et son miel, d'autant plus qu'il y avait déjà un acteur qui travaillait sur les maggots. Le miel est efficace contre des bactéries multi résistantes, contrairement aux antibiotiques qui montrent de plus en plus leurs limites. Lui-même ne génère pas de résistances, compte tenu d'un mode d'action antimicrobien multifactoriel.

Nous sommes en 2005, le projet de Fabien est en phase de création. Il arrive assez tardivement sur le marché du miel médical. Le leader du secteur est un laboratoire australien racheté par des Néo-Zélandais. En France, le marché est très faiblement développé. Tout est à créer. Fabien pense tirer son épingle du jeu en proposant des miels différenciés par type de plaies ou stade de cicatrisation.

Il décide de s'associer avec une personnalité renommée qui va apporter une caution clinique à leur entreprise. Il contacte ainsi le professeur Bernard Descottes, chef de service de chirurgie viscérale et de transplantations au CHU de Limoges. Ce dernier utilise le miel depuis de nombreuses années dans son service pour ses vertus cicatrisantes sur des plaies post-opératoires. Cette pratique lui est très personnelle, elle est portée par ses convictions et l'implication de son équipe soignante, mais elle reste totalement anecdotique en France. Le projet de Fabien le convainc pleinement. Nous sommes alors en 2007 et la perspective de création de l'entreprise est mise à mal car Bernard Descottes, binome du projet, est malade. Finalement, sous son impulsion, l'entreprise est créée en mars 2009.

L'activité de la jeune société repose sur deux pôles : la commercialisation de miels médicaux pour la cicatrisation d'une part et la recherche et le développement de nouvelles applications médicales du miel. Elle bénéficie de quelques financements, dont celui de la BPI France, qui lui permettent tout d'abord de recruter un chercheur de la Faculté des Sciences de Limoges spécialisé en chimie des substances naturelles et en microbiologie. Elle finance également pendant trois ans la thèse d'une étudiante qui travaille sur les propriétés antifongiques et antimicrobiennes du miel ainsi que sur la mise en en œuvre de modèles de screening cellulaire.

Ces différents travaux permettent à l'entreprise de déposer des brevets sur des formulations innovantes à base de miel adaptées aux trois phases de la cicatrisation d'une plaie : détersion, granulation et épidermisation.

La production et le conditionnement sont confiés à des sous-traitants. Le miel ne provient pas de petits apiculteurs car ces derniers n'ont pas les moyens d'assurer les contrôles et la traçabilité qu'exige Fabien. Il vient donc de structures plus grosses qui disposent de leur propre laboratoires afin d'effectuer eux-mêmes certaines analyses et de respecter un cahier des charges strict. De plus, ces producteurs sont capables de fournir des quantités de miel importantes avec une certaine constance. Ils arrivent ainsi à pallier aux très grosses difficultés de la filière apicole française qui génèrent des aléas de production. Par exemple, le miel de thym, particulièrement recherché, est complexe à trouver ces dernières années en raison d'une série de printemps froids et humides.

Fabien regrette l'absence, en France, d'une véritable filière de production de miel de haute qualité comme le font les Néo-Zélandais avec leur fameux miel de manuka.

Il travaille avec des miels monofloraux possèdent des qualités intrinsèques bien spécifiques. Tous subissent ensuite une stérilisation à froid qui leur conserve toutes leurs propriétés biologiques naturelles tout en détruisant les germes.

Pourtant malgré un haut niveau de validations d'activité biologique, de contrôles, de normalisation et de standardisation et de réelles garanties, les miels médicaux de Fabien se diffusent mal dans le monde médical. La France accuse toujours un énorme retard dans l'utilisation du miel en milieu hospitalier par rapport à bon nombre de pays. Les vertus médicales du miel ne sont pas connues des professionnels de santé français. Certaines publications médicales, lorsqu'elles évoquent le miel, ne concluent pas positivement en sa faveur parce qu'il n'y a pas suffisamment de bonnes études et parce qu'il existe également des enjeux économiques pour de gros acteurs du secteur, notamment aux Etats-Unis. La suspicion l'emporte. Le miel a une image de « médecine douce » qui est encore très péjorative pour les professionnels de santé.Enfin les procédures de référencement dans les hôpitaux sont extrêmement complexes. Les pharmaciens hospitaliers, soumis à des restrictions budgétaires, préfèrent choisir des médicaments classiques reconnus comme des valeurs sûres. Pourtant, ils sont prêts à investir dans des produits jugés "innovants" mais le miel symbolise le retour à des pratiques moyenâgeuses – dixit certains chirurgiens.

Fabien vend aussi ses produits sur sa boutique en ligne, directement auprès des particuliers et cette fois avec plus de succès. Le grand public, inquiété par les pratiques des laboratoires pharmaceutiques comme le montrent les derniers grands scandales liés aux médicaments demande des traitements qui, à défaut de le soigner, n'auront du moins pas d'effets secondaires néfastes. La défiance est de plus en plus grande vis-à-vis des molécules chimiques et de l'industrie pharmaceutique tandis que continue à se développer une bienveillance pour des approches « naturelles ». Le retour du miel dans les pharmacopées familiales pourrait finalement apporter le succès à Fabien…

http://agaa.fr/377

Sur notre site, retrouvez le site de Melipharm Laboratoires ainsi que leur boutique pour commander en ligne et une vidéo du Professeur Descottes filmé dans son service de l'hôpital de Limoges.

A l'école des abeilles

En Ile de France, l'immobilier est onéreux. Posséder son propre terrain pour y poser des ruches est un privilège. Pour pratiquer leur passion, les apiculteurs amateurs se rassemblent au sein d'associations leurs proposant des ruchers partagés. Bernard connaît bien le problème. Il est le président d'une association apicole qui gère 6 ruchers dans la banlieue ouest de Paris.

Bernard a vraiment eu son premier contact avec les abeilles lors d'un job d'été alors qu'il avait 15 ou 16 ans. Il était alors embauché par une ferme apicole pour récolter la gelée royale. Avec une pipette, il prélevait toute la journée dans les alvéoles la précieuse substance. Puis les études, la vie de famille et les préoccupations professionnelles l'ont éloigné de l'apiculture.

L'intérêt pour cette activité est revenu un peu par hasard lors d'une conversation avec un client. Alors qu'il passait à proximité du jardin du Luxembourg, la tentation a été trop forte, Bernard est allé à la rencontre des responsables de la Société Centrale d'Apiculture(SCA). Cette association parisienne très ancienne dispense chaque année des cours d'apiculture. Convaincu, Bernard a décidé de s'inscrire. C'était en 2006.

Depuis, Bernard a suivi d'autres formations notamment sur l'élevage de reines. Il a acquis des essaims qu'il a installés sur deux emplacements. L'un de ses ruchers est chez lui, l'autre est sur un site militaire.

Bernard est investi dans de nombreuses associations apicoles d'Ile de France. Il est bien sûr toujours membre de la SCA, mais il est aussi président de l'AMOP « l'Association Apicole de l'Ouest Parisien ». Cette association créée en 1929 à Meudon a depuis « essaimé ». Elle exploite 6 ruchers en Ile de France, organise des formations apicoles et participe à des événements de sensibilisation à la biodiversité.

Même pour une association reconnue, il est difficile de trouver en Ile-de-France des terrains pour y installer des ruchers partagés. C'est un travail en continu pour Bernard. Le nombre d'apiculteurs augmente régulièrement depuis quelques années. Chacun veut posséder ses propres ruches. Il faut de plus en plus de ruchers. Sensibilisées à la biodiversité, des communes ou des institutions sont prêtes à louer ou à prêter des terrains. Il est plus rassurant pour elles de confier leurs emplacements à une association qui pourra garantir une bonne gestion de la sécurité et un encadrement par des apiculteurs chevronnés. C'est le rôle de Bernard d'inciter ces organismes à faire confiance à son association.

La tâche n'est pas toujours simple. L'année dernière, la mairie de Chaville a fermé brutalement un rucher qu'elle avait confié depuis plusieurs années à l'association. Bernard a dû organiser en urgence un déménagement des ruches vers d'autres lieux. Officiellement, la commune répondait à la plainte d'un voisin qui avait été piqué par des abeilles. Des opposants écologistes à la majorité municipale soupçonnent la mairie de préparer une opération immobilière sur ce terrain. Le maire s'est depuis engagé à mettre à disposition un autre site. Cette surface sera plus petite. Bernard doit continuer à rechercher de nouveaux emplacements pour les ruches de ses adhérents.

Certains ruchers de l'association sont dans des lieux prestigieux. C'est le cas du rucher installé au Potager du Roi du Château de Versailles. Les apiculteurs pratiquent dans un cadre magnifique. En contrepartie, leurs abeilles pollinisent les cultures potagères. Le miel produit est ensuite vendu dans les boutiques du château. Pour éviter d'éventuels problèmes avec les visiteurs du monument, Bernard limite l'accès à ce rucher à des apiculteurs particulièrement expérimentés aux gestes sûrs. La sécurité des apiculteurs et du voisinage est l'une des principales préoccupations de Bernard. Les adhérents se doivent de respecter les consignes de l'association.

Car la pratique de l'apiculture dans des ruchers collectifs, où chacun installe ses ruches, impose à tous des « règles de savoir-vivre apicole ». Il ne faut pas que les actions des uns nuisent à celles des autres ou à l'état sanitaire des colonies du rucher. Par exemple, un apiculteur ne doit pas laisser une ruche vide pour éviter que la fausse teigne, un papillon de nuit, ne s'y installe et contamine les ruches situées à proximité. De même, pour éviter les phénomènes de pillage, c'est-à-dire de concurrence entre les ruches, il est défini des périodes communes de nourrissement ou de traitement des colonies.

Le meilleur moyen pour que tous acquièrent les bons gestes et les bons réflexes est de former les apiculteurs de l'association. Chaque année, l'AMOP organise des séances d'initiation ou de formation avancée à l'apiculture. Bernard intervient en tant que formateur. Les formations en apiculture rencontrent un grand succès en Ile-de-France. Ainsi, la SCA ne peut satisfaire toutes les demandes qui lui parviennent et les inscriptions aux formations qu'elle propose sont complètes une année à l'avance.

L'abeille intéresse de plus en plus le grand public. Bernard s'en aperçoit lors des événements sur le développement durable auxquels l'AMOP participe. C'est souvent l'occasion de répondre à des questions sur le devenir de l'apiculture mais aussi de vendre du miel. Les consommateurs veulent du miel vraiment local, celui produit dans leurs villes !

En tant que président d'une association apicole en région parisienne, Bernard est de droit membre de l'ADAIF. L'ADAIF est l'association pour le Développement de l'Apiculture en Ile-de-France qui fédère tous les syndicats, groupements et associations apicoles d'Ile-de-France. Résident et possédant un rucher dans l'Essonne, Bernard a aussi adhéré au GDSA91. Les GDSA ou Groupements de Défense Sanitaire Apicole apportent soutien et conseil aux apiculteurs dans leurs pratiques et la lutte contre les maladies.

Entre les nombreuses activités de l'AMOP qu'il anime, son engagement à la SCA, à l'ADAIF et au GDSA, Bernard est très mobilisé et n'a plus beaucoup de week end libres. Il se définit lui-même comme « un retraité actif dont la danseuse est l'abeille ». Karl von Frisch, prix Nobel de physiologie et de médecine, a dévoilé que les abeilles « dansaient » dans les ruches pour communiquer entre elles. Les abeilles, dans les ruches de l'AMOP, dansent pour indiquer aux autres la direction des sources de nourriture. Elles dansent aussi peut-être un peu pour Bernard qui leur consacre beaucoup de temps.

http://agaa.fr/477
Sur notre site, les adresses d'associations apicoles d'Ile-de-France, à commencer par la prestigieuse et vénérable Société Centrale d'Apiculture du Jardin du Luxembourg à Paris

Secrets de beauté des butineuses

Cléopâtre prenait des bains de lait d'ânesse et de miel pour prendre soin de sa peau.

Cette légende n'est peut-être pas totalement fausse... Les historiens s'accordent pour affirmer que les propriétés médicales et dermatologiques du miel étaient connues dès l'Ancienne Egypte. Un tel traitement s'accorde mal avec nos vies modernes. Aujourd'hui, les cosmétiques sont plus élaborés, mais aussi plus pratiques à utiliser.

Quel que soit la formule simple ou complexe, la qualité des ingrédients naturels de base reste primordiale.

C'est la conviction de Xavier qui développe la marque de cosmétiques Polenia.

Cette gamme propose des cosmétiques à base de miel, de pollen, de gelée royale et de propolis. Xavier connait parfaitement la qualité de ces produits de la ruche. C'est normal, ces composants viennent de ses propres ruches ! Xavier est apiculteur en Provence.

Evidemment Polenia ne date pas de l'Egypte Ancienne. Les premiers produits ont quand même été créés en 1967. A l'époque la marque commerciale était « Abeille et beauté ». Ces cosmétiques avaient été élaborés par le père de Xavier, lui-même apiculteur. Le développement de la gamme s'est amplifié, dans les années 2000, quand Xavier a repris l'exploitation apicole.

A cette époque, la ferme apicole comprenait plus de 1100 ruches. L'activité principale était la production de miel vendu auprès de grossistes. La fragilisation des colonies et des contrats d'achat en gros de plus en plus draconiens ont incité Xavier à changer de modèle économique. Il a préféré une vente plus directe auprès des consommateurs et le développement d'une ligne complète de cosmétiques.

Aujourd'hui, l'exploitation apicole comporte environ 250 ruches dont 2 ou 3 ruches pour la production de gelée royale. La vente du miel et la commercialisation des cosmétiques sont deux activités qui concourent à peu près à part équivalentes dans les ressources de l'entreprise.

Le miel est vendu directement aux particuliers ou en semi-gros à quelques clients historiques. Xavier refuse régulièrement de vendre son miel à de nouveaux intermédiaires commerciaux.

Les cosmétiques sont vendus directement à la miellerie, sur son site web ou via des partenaires parmi lesquels d'autres apiculteurs, des sites web, des pharmacies, des instituts de beautés. Les modes de distribution s'adaptent à l'évolution des habitudes de consommation. Les clients qui avaient pour habitude de commander à partir du catalogue postal préfèrent de plus en plus le faire sur le site internet.

La clientèle est très fidèle. C'est un atout, mais elle est aussi très exigeante. Elle attend une qualité constante pour des produits qu'elle utilise quotidiennement. Depuis 2006, Xavier souhaite, par conviction, proposer de plus en plus de produits certifiés Bio. Le portage de produit conventionnel vers le bio n'est pas toujours simple. Xavier ne l'entreprend que si le résultat obtenu permet à minima de maintenir la qualité. C'est parfois aussi une opportunité de faire progresser les produits. Par exemple, le confort d'utilisation et la formule de la crème pour les mains, le produit historique, ont été améliorés grâce au passage en bio.

Malgré l'expérience acquise, il reste complexe pour un apiculteur de proposer sa propre gamme de cosmétiques.

Tout d'abord, la marque Polenia a encore peu de notoriété auprès des industriels. Il est difficile de trouver des laboratoires partenaires alliant sérieux et qualité pour des petites productions. Xavier privilégie les fournisseurs en qui la confiance s'est développée sur le long terme.

Ensuite, pour les consommateurs, un apiculteur n'apparait pas toujours comme légitime pour proposer des cosmétiques, même si ceux-ci sont à base de produits de la ruche. Il y a quelques années, Polenia a été mise en avant lors d'une émission de télé-achat. La présentatrice avait demandé à Xavier de ne pas dire à l'antenne qu'il était apiculteur. Cela ne faisait pas sérieux.

Pour Xavier, les bienfaits des produits de la ruche ne sont encore connus que de quelques initiés. L'attention du public pour les abeilles est surtout orientée vers les problèmes écologiques. Les journalistes qui viennent à la miellerie ne souhaitent souvent que recueillir un témoignage choc d'apiculteur sur l'impact des pesticides. Le fait qu'un dialogue sur ce sujet s'instaure de plus en plus entre apiculteurs et agriculteurs ne les intéressent pas.

Alors Xavier privilégie la communication directe avec les consommateurs notamment lors des visites de sa miellerie. Ses clients lui soufflent de nouvelles idées. Certaines se concrétiseront. Il a en projet de nouveaux cosmétiques.

Les Cléopâtre modernes apprécieront sans doute ces nouvelles formules…

http://agaa.fr/381

Les secrets de la beauté, enfin révélés par les butineuses en cliquant sur notre site

Un apiculteur connecté

Jean François est un apiculteur connecté. Blog, Facebook, Twitter, Kisskissbankbank…Il utilise abondamment Internet pour développer son association et alerter sur les dangers qui menacent les abeilles. Avec les réseaux sociaux, il lance des projets, collecte des fonds pour un rucher-école, accompagne les apiculteurs débutants, partage son expérience, donne des conseils… Mais sa boite eMail ne regorge pas que de remerciements. Il reçoit aussi parfois des messages agressifs, voire des insultes. Car Jean François est aussi un apiculteur « Warré » engagé.

L'apiculture Warré ne repose pas seulement sur l'utilisation d'une ruche aux formes particulières, c'est surtout la pratique d'une « apiculture naturelle » qui fait débat dans le milieu apicole.

Excédé par le mercantilisme autour des équipements apicoles et la promotion des produits chimiques pour traiter les maladies ou parasites de l'abeille, Jean François a fait le choix d'une apiculture moins onéreuse et respectueuse de l'abeille.

En « apiculture naturelle », il faut peu de matériel : pas de cire gaufrée, pas d'extracteur, pas de traitement contre le varroa.

Dans une ruche Warré, les cadres en bois remplis de cire gaufrée qui guident les abeilles dans la construction des alvéoles sont remplacés par de simples baguettes de bois. Les abeilles construisent leurs rayons comme elles veulent. Pour extraire le miel, Jean François presse les rayons dans de grandes passoires et le miel, très liquide, coule entre les interstices.

Un apiculteur intervient peu sur une ruche Warré. Car il y a souvent des ponts, des soudures, des gonflements entre les rayons qui empêchent de les extraire sans casser la structure. Les inspections de l'intérieur d'une ruche sont donc rares. Elles sont possibles en retournant le corps à l'horizontal ou en regardant par en dessous en essayant de ne pas trop déranger les abeilles. Les traitements chimiques sont proscrits car ils ne sont pas naturels et perturberaient les abeilles.

Les détracteurs reprochent aux adeptes de la pratique « Warré » de détruire du couvain en extrayant le miel, de favoriser la prolifération des maladies et du varroa en refusant les traitements et les inspections régulières.

Avec 1% ou 2% de perte de ruche dues au varroa sur ses 70 ruches, Jean François réfute ces accusations. Il dépose des fourmis avec leurs œufs sous le toit de ses ruches. L'acide formique, produit par les fourmis, est réputé dans la lutte contre le varroa. Mais il prévient : « Ce qui fonctionne pour moi ne fonctionnera peut-être pas pour d'autres apiculteurs. Chacun est libre de pratiquer l'apiculture qu'il veut ».

Pour Jean François, la vraie menace, c'est le frelon asiatique et les pouvoirs publics n'en ont pas assez conscience. Le coût de destruction d'un nid de frelon ne devrait pas être supporté par les particuliers mais par les collectivités locales. L'année dernière, dans la campagne angevine, 5 de ses ruches ont été anéanties par des frelons asiatiques.

Ses ruches, Jean-François s'en occupent. Par exemple, il leurs apporte une nourriture avant l'hiver pour les inciter à constituer des réserves. Il se refuse d'acheter dans les magasins apicoles des produits dont il ne connait pas exactement la composition et la provenance. Le candi et le sirop, il les fabrique lui-même. Il n'y a plus que les pots en plastiques qu'il achète dans ces magasins. Le plastique, ce n'est pas très développement durable, mais les bocaux en verre sont trop chers et augmentent trop le prix de vente du miel.

D'autant que la vente du miel n'est pas suffisante pour financer l'association. En apiculture Warré, les rendements en miel sont moindres. Jean François a produit cette année entre 500 et 600Kg de miel.

La vente de produits annexes comme les ruches Warré, les chocolats au miel ou l'hypocras complètent un peu les revenus.

Mais il y a surtout le parrainage de ruches pour les entreprises ou les particuliers. Les parrains, sensibles aux préoccupations écologiques, soutiennent l'activité de l'apiculteur et reçoivent une contrepartie en fonction de leur contribution. C'est une nouvelle source de financement de l'apiculture.

Pour les entreprises et les collectivités locales, les ruches parrainées peuvent être installées directement sur leurs terrains. Lorsque les ruchers sont installés en ville, Jean François abandonne les ruches Warré pour des modèles Dadant, moins sensibles à l'essaimage.

Pour les particuliers, c'est simple, les parrains s'abonnent en ligne sur le blog l'association.

En 2014, Jean François a aussi lancé une souscription sur le site Kisskissbankbank pour la mise en place d'un rucher-école. Ce nouveau rucher permettra de compléter les formations déjà organisées. La demande de formation est forte. L'apiculture « Warré » séduit de plus en plus de personnes qui veulent, à peu de frais, produire leur propre miel et espèrent contribuer à la biodiversité.

Pour Jean François, il est important de faciliter l'initiation à l'apiculture. Il rencontre encore trop de jeunes apiculteurs qui se sont lancés sans formation, simplement après avoir visionné des vidéos apicoles sur Youtube. Jean François le sait bien, sur Internet on trouve vraiment de tout : le pire et le meilleur.

http://agaa.fr/389

Envie de sortir des sentiers battus de l'apiculture ? Ou bien de chouchouter une colonie à distance ? Sur notre site, découvrez les propositions du Petit Angevin

Eleveuse de championnes

Le soleil brille sur la campagne sarthoise, le temps est doux en ce printemps. C'est le temps idéal pour permettre à Sophie d'aller récolter dans son rucher. Son équipement est minimum : une vareuse, un enfumoir et, dans la poche, une provision de petites cagettes en plastique.

Direction les ruches. Ce sont des minis ruches assemblées par 4. Chacune contient un petit essaim. L'ouverture est rapide, l'enfumage mesuré car après tout, les abeilles de Sophie sont dociles. Il s'agit de Buckfast de souches allemande, danoise ou luxembourgeoise. Travailler avec elles est un véritable plaisir : elles se laissent approcher et manipuler sans que Sophie ait l'impression d'être une intruse parmi elles. D'ailleurs, les gestes de Sophie sont rapides et sûrs : elle attrape la reine en la serrant latéralement entre le pouce et l'index, à mains nues évidemment. Elle dépose sur son thorax une goutte de peinture à la couleur de l'année, puis elle la glisse prestement dans la cagette. Elle obture l'ouverture avec le pouce, le temps d'attraper des abeilles accompagnatrices une par une. Une douzaine d'entre elles vont ainsi rejoindre la toute jeune reine fécondée, avec une réserve de pâte de sucre. Cette cueillette a duré moins d'une minute. Le couvercle est refermé et la cagette rejoint la poche de la vareuse. Et Sophie recommence, des centaines de fois.

Ainsi Sophie ne s'occupe pas du miel sur l'exploitation : c'est le travail de son mari et des autres employés. Ce sont eux également qui gèrent la commercialisation d'essaims ainsi que l'élevage des mâles qui vont saturer le rucher de fécondation en mâles Buckfast et garantir le plus de pureté génétique possible à la descendance des reines. Son truc à elle, c'est l'élevage de reines, qui a l'avantage d'être une activité moins physique que la récolte du miel. Il faut aussi connaître la physiologie d'une abeille et d'une colonie, ne pas avoir peur de cet insecte, être suffisamment habile pour le capturer sans dommage et apprécier de travailler en extérieur. C'est ce que fait Sophie depuis 2007, c'est cela qui lui plaît vraiment aujourd'hui.

Cela n'a pas toujours été son travail. Lorsqu'elle a commencé l'apiculture, il y a 30 ans, c'était d'abord pour produire et commercialiser du miel en direct. Jusqu'à 37 tonnes à mettre en pots. Sophie se chargeait de la commercialisation, d'abord sur les marchés puis auprès de grandes surfaces, une vingtaine réparties dans la Sarthe, l'Indre-et-Loire et la région parisienne.

Vers 1995 sont arrivées les premières mortalités importantes de colonies dans des ruchers installés sur de grandes cultures, surtout le tournesol. Cela venait s'ajouter au problème du varroa, déjà présent depuis plus d'une dizaine d'années. Après enquête, il apparaît que les cocktails de substances répandues sur les cultures sont responsables de ces effondrements de populations. Sophie s'engage alors syndicalement pour savoir ce qui se passe. Il faut aussi remplacer les ruches perdues, en commençant à produire des reines « maison ». Et prendre la décision de retirer les ruches des zones de grandes cultures pour les installer dans un environnement plus bocager, mélange de pâtures et de massifs forestiers plus préservés. Les rendements diminuent et il faut complètement repenser l'orientation de l'exploitation apicole. Sophie et son mari décident d'abandonner la mise en pot et la commercialisation en direct. Le miel est désormais vendu en gros, mais Sophie doit retrouver pour elle une nouvelle activité pérenne : production de gelée royale ou élevage de reines ? La production de gelée royale est une activité de technicien de laboratoire pointue, où l'on ne voit guère le soleil … Ce sera donc l'élevage de reines, pour être en contact avec la nature, la vie du rucher.

Les problèmes n'ont pas disparus pour autant. En 2010, ce sont 100 ruches sur 700 qui s'effondrent. Une enquête réalisée par les services vétérinaires révèle cette fois qu'un mélange de fongicide et d'insecticide déversé sur du colza a causé la perte. Grâce aux nouvelles compétences de Sophie, le cheptel est reconstitué encore une fois.

Aujourd'hui, l'exploitation de Sophie est totalement recentrée autour de l'élevage des reines. Lorsqu'il n'est pas mis en fût et revendu à une coopérative, le miel – de châtaignier surtout, de colza, d'acacia ou toutes fleurs – sert à nourrir les ruches, notamment les meilleures qui seront choisies pour l'élevage de mâles. En 2014, avec 3 ruchers de fécondation, Sophie et son équipe ont vendu 9450 reines. C'est le record de France. Record qu'il lui sera sans doute difficile de réitérer : elle a bénéficié, pendant les saisons 2013 et 2014, de l'aide de deux stagiaires en BPREA (Brevet Professionnel Responsable Exploitation Agricole) option Apiculture. Mais ils vont désormais voler de leurs propres ailes, sur leurs propres exploitations apicoles. Sophie va devoir recruter du personnel saisonnier, qu'elle devra peut-être former.

Sophie a envoyé ses protégées pleines de promesses par la Poste dans toute la France, épisodiquement en Espagne et en Belgique. Elle n'a pas réussi à satisfaire une demande sans cesse croissante. Il lui a fallu refuser des clients. Signe que ses reines sont appréciées. Signe que l'apiculture change et qu'elle souffre.

http://agaa.fr/392
Sur notre site pour voir les mains expertes de l'apicultrice en train de saisir des reines abeilles !

Une autre médecine

Aujourd'hui, c'est jour de prélèvement: il faut attraper délicatement une dizaine d'abeilles ouvrières sans les blesser, les glisser dans la boîte et les rapporter à la maison. Philippe, apiculteur amateur dans le Bourbonnais, procède avec rapidité. Son geste est sûr. Il a l'habitude: cela fait presque une dizaine d'années qu'il fait ainsi.

Arrivé à la maison, il passe à la phase de traitement. En les maintenant avec une pince, il applique chaque abeille sur la peau du dos de sa femme, sur des points d'acupuncture précis. Le dard sort, pique et Philippe peut alors retirer l'abeille qui mourra quelques temps plus tard. Le dard, encore planté dans la peau, continue à décharger son venin pendant quelques secondes grâce à l'action du muscle qui y est resté accroché. Il faut recommencer ainsi une dizaine de fois. Les piqûres sont douloureuses, la procédure est longue et contraignante, mais c'est le prix à payer pour maintenir la santé de sa femme.

Si Philippe c'est lancé dans l'apiculture il y a dix ans, c'est donc pour soigner la sclérose en plaques de sa femme, malade depuis presque trente ans. A la déclaration des premiers symptômes, le couple s'était tourné vers la médecine conventionnelle : hôpital, ponctions lombaires, cortisone, Interféron mais surtout le verdict que cette maladie incurable évoluerait inexorablement jusqu'à la mort. En passant par les béquilles, puis le fauteuil roulant. Seuls 10% des malades peuvent espérer échapper à ce lent délabrement physique, mais l'issue reste la même.

Philippe n'a pas accepté cette perspective. Il a cherché très vite des alternatives. Au bout de quelques années, toute la famille a changé d'alimentation: des produits biologiques et végétariens. Les symptômes ont régressés, avant de réapparaître sporadiquement au bout de quelques années.

Philippe a donc continué ces recherches jusqu'à trouver un article sur l'apithérapie par le venin d'abeille, reconnue et pratiquée dans plusieurs pays européens, notamment en Suisse. Il n'hésite pas longtemps et installe des ruches au fond de son jardin. Il apprend par les livres: l'apiculture d'abord, mais aussi des rudiments d'acupuncture et les protocoles pour piquer.

Par chance sa femme n'est pas allergique au venin. Le traitement va pouvoir commencer. D'abord des piqûres très courtes, sur des points d'acupuncture. Une dizaine, deux à trois fois par semaine. Puis Philippe a pu augmenter petit à petit le temps de pose du dard. Les symptômes régressent à nouveau, même si les douleurs persistent. Le choix est payant : sa femme reste valide et personne ne soupçonne en la voyant qu'elle est malade. En prime, les premières récoltes de miel sont abondantes: près d'une quarantaine de kilos avec 3 ruches!

Cependant les années se suivent et ne se ressemblent pas. La région dans laquelle Philippe et sa femme sont installés mélange de l'élevage de vaches charolaises et de la grande culture : maïs, blé, colza…Philippe a déjà perdu plusieurs colonies sans explication, par effondrement des populations d'abeilles. Pesticides, traitements phytosanitaires sur les troupeaux? Il n'a jamais trouvé de réponse mais depuis quelques années, il vit dans l'angoisse de ne plus avoir d'abeilles. Il a dû racheter des essaims à plusieurs reprises. Les récoltes de miel sont parfois nulles.

Dernièrement sa femme s'est aussi découragée : suivre le protocole tous les trois jours, subir la dizaine de piqûres qui restent douloureuses sans possibilité de s'y habituer, et les douleurs typiques de la maladie qui ne partent jamais… Elle a décidé d'arrêter. En quelques jours, de nouveaux symptômes digestifs et cardiaques sont apparus, fulgurants. Il lui a fallu se résoudre à reprendre le protocole. Et les symptômes ont disparu. Philippe et sa femme en sont persuadés : ce traitement est efficace. Ils vont avoir besoin des abeilles encore longtemps.

http://agaa.fr/425
Du venin qui soigne…Faites vous votre propre opinion grâce à notre site

L'écologue urbain

Il faut d'abord serpenter sur la dalle de béton qui relie une bonne demi-douzaine d'immeubles imposants avant d'accéder à ce petit coin de nature, en plein cœur de l'est de Paris. Au passage, Jean-Jacques salue les résidents qu'il croise au détour de ce qui ressemble à un dédale pour les non-initiés.

Un petit seau vert à la main, il entre dans le jardin et se dirige tout d'abord vers la partie poulailler et ses six résidentes. Il n'est pas encore tout à fait sûr que la dernière poulette arrivée en pension en soit bien une. Si, comme la dernière fois, elle s'avère être un coq, il faudra lui faire quitter les lieux, car les fenêtres et les oreilles des habitants ne sont pas loin. Aux déchets verts bien frais, Jean-Jacques n'ajoute qu'une modeste poignée de grains: il convient que les poules recycleuses ne perdent pas l'habitude de manger les déchets végétaux apportés par les habitants.

Jean-Jacques se dirige ensuite vers les bacs à compost pour y vider le reste du seau. Il lève ensuite le nez vers le rucher, installé en haut du petit coteau qui à cet endroit enserre la résidence. Les abeilles ne sortent pas, en cette froide journée de janvier. Elles restent à l'abri dans leurs ruches à double-vitrage. Jean-Jacques a ajouté quelques épaisseurs de plastique à bulles et, par-dessus le trou des couvres-cadres, un pain de candi pour pallier à une éventuelle disette.

Les ruches vitrées sont bien pratiques lorsque Jean-Jacques veut faire de la pédagogie auprès des résidents qui viennent s'occuper des parcelles individuelles de ce jardin partagé. Regarder les abeilles s'activer sur leurs rayons, les observer entrer et sortir, c'est déjà mieux les connaître et en avoir moins peur. Pour le moment, Jean-Jacques est encore seul à s'occuper du rucher et notamment de la récolte. Les réticences et les craintes demeurent. En revanche, les habitants sont nombreux à participer, dans le local de réunion, à l'extraction. Chacun désopercule son cadre, tourne la manivelle de l'extracteur, met en pot et repart avec un peu de ce miel de Paris. Un moment de partage et d'échange que Jean-Jacques apprécie.

Ce jardin, c'est son bébé, la concrétisation des valeurs qu'il défend et qu'il essaye doucement de promouvoir. A l'origine, il s'agissait d'une ancienne aire de jeux désaffectée. Il appartient au bailleur social. En juin 2008, il commence par installer 3 bacs à compost alimentés par une vingtaine de foyers. Le compost, il maîtrise, d'ailleurs il se définit comme « Maître composteur ». Cela requiert selon lui un véritable savoir-faire et il n'hésite pas à dire que ce n'est pas à la campagne qu'il a vu faire les meilleurs composts.

En 2010, 45 foyers s'engagent à cultiver chacun une petite parcelle amendée avec le compost maison. Seule obligation: bannir totalement les produits phytosanitaires. Mais chacun reste maître de cultiver ce qu'il veut et comme il le veut. Jean-Jacques met en place des pratiques nouvelles comme la culture en lasagnes, les engrais verts comme la phacélie, l'aérobêchage plutôt que le retournement : certains jardiniers suivent, d'autres pas. L'idée germe ensuite d'implanter des ruches. Pour lui, c'est cohérent et complémentaire : les abeilles viendront polliniser les arbres fruitiers des parcelles communes et les plantes des parcelles individuelles. Le jardin devient un véritable écosystème agricole pérenne et autosuffisant dans lequel les différents éléments interagissent.

Seulement les abeilles ne sont pas des animaux comme les autres. Elles peuvent piquer et donc présenter un danger potentiel dans cet environnement qui concentre plusieurs milliers d'habitants. Afin de les rassurer, Jean-Jacques organise une réunion publique d'information : viennent les résidents intéressés, les représentants du bailleur social, un apiculteur professionnel expérimenté et une personne qui avait déjà installé un rucher dans son immeuble. Il distribue ensuite dans toutes les boîtes aux lettres un coupon-réponse invitant les habitants à se prononcer pour ou contre l'installation des ruches. Il obtient à ce référendum un score soviétique en faveur des abeilles. Les résidents l'aident à réaliser quelques travaux dans le jardin où les pensionnaires vont être installées en haut du coteau de façon à ce que les vols des abeilles soient largement au-dessus de la tête des jardiniers. Ils coulent une dalle de béton et aménagent un escalier d'accès.

Pendant trois ans, c'est en binôme avec l'apiculteur expérimenté qui a mis à disposition les ruches que Jean-Jacques se familiarise avec les abeilles noires. Comme il aime apprendre des autres et qu'il désire connaître d'autres pratiques pour se faire sa propre religion, il suit une semaine de formation au lycée agricole du Tillois les Meffaines. Il est aussi adepte du wwoofing, un mouvement mondial qui consiste pour des hôtes – des fermes bio le plus souvent – à accueillir des WWOOFers pour partager leurs connaissances, leur savoir-faire, leur quotidien et leurs activités avec la possibilité pour ces derniers de se voir offrir le gîte et le couvert. Il part ainsi pendant une semaine chez Yves Rondelet à Fragnes qu'il aide à faire la récolte de ses 200 ruches. Puis une semaine à la miellerie Vivier chez un couple d'exploitants et apiculteur en Bretagne. Puis une journée chez une apicultrice qui pratique l'apiculture naturelle en ruche Warré.

Pour 2015, Jean-Jacques fourmille de projet pour son rucher. Il a programmé l'achat d'un extracteur volontairement manuel et non électrique pour favoriser les longues et sympathiques séances d'extraction avec les résidents. Il projette d'agrandir son cheptel et de diversifier ses habitats: après les ruches Dadant, vitrées ou non, il envisag l'installation d'une ruche Warré et d'une ruche kenyanne dont lui a parlé Yves Rondelet, spécialiste de l'abeille en Afrique.

Jean-Jacques, qui propose déjà des formations au compostage, songe aussi à des formations d'initiation à l'apiculture, à la hauteur de ses compétences qu'il estime encore modestes. Nous vivons selon lui une période charnière : on y réapprend les savoirs ancestraux qu'on rationalise et dont on fait la synthèse grâce à la puissance de la communication partagée.

Il constate une demande croissante pour installer des ruches en ville, en pied d'immeubles par exemple. Pourquoi pas si cela peut aider à conserver les abeilles menacées? Pourquoi pas si la ville propose effectivement un environnement moins pollué par les produits phytosanitaires ? Pourquoi pas si les analyses confirment que le miel urbain ne concentre pas d'autres polluants ? Mais il ne veut pas vendre n'importe quoi et aller plus vite que la musique. Il souhaite encore écouter, aller voir, s'enrichir d'autres expériences. Il est donc toujours inscrit sur un site de wwoofing et projette pour bientôt un séjour chez un apiculteur bio.

http://agaa.fr/358

Jean-Jacques mis à nu ?! Rendez-vous sur notre site. Avec en prime sa page Facebook, son site et ses réalisations au jardin Santerre

Miel, honey, miele, mel, honig...

L'heure de la fermeture approche. Une cliente entre dans la boutique : elle tousse, renifle et vient chercher un remède à ces maux de l'hiver. Nous ne sommes pourtant pas dans une pharmacie. La dame sait précisément ce qu'elle veut et en quelques minutes l'achat est finalisé, sans même avoir fait appel aux conseils de Jean-Jacques. Elle a choisi un miel d'eucalyptus. Voilà un choix avisé : le miel est effectivement indiqué pour les problèmes de la sphère ORL, a fortiori le miel d'eucalyptus puisque cette plante est elle-même bénéfique pour les voies respiratoires. Elle va donc potentialiser les effets des deux éléments.

Jean-Jacques a l'habitude de cette clientèle qui voit dans ses miels des alternatives aux médicaments conventionnels. Cela le change des touristes, qu'il voit débarquer, parfois en rangs serrés, jusque dans ce petit coin pittoresque du sud de Paris.

Attirés par la renommée du minuscule magasin installé depuis 1993, ils sont happés dès l'entrée par l'odeur de la cire. Puis sous leurs yeux, des dizaines de pots de miel qui vont du blanc à peine teinté de jaune à l'ébène. Il y a là une collection de miels du monde entier issus de presque tous les continents. Sa meilleure vente est un miel de Tasmanie au parfum délicat et surprenant. Jean-Jacques a répertorié ses miels sur une petite mappemonde : il est vrai que la Tasmanie n'est pas connue de tous.

Au-dessus des étagères officielles s'étale sa collection officieuse et personnelle : miels en pots ou en bouteilles d'eau recyclées, miels rapportés de ses propres voyages, miels offerts par des clients globe-trotters, il y en a pour tous les goûts. Jean-Jacques admet cependant ne les avoir pas tous goûtés. Certains sont de provenance douteuse et il préfère les garder comme témoignage décoratif.

Il sait qu'en matière de miel, les fraudes, manipulations et ajouts divers et variés existent. Pour garantir la qualité des produits vendus, Jean-Jacques connaît personnellement les producteurs qui le fournissent ainsi que leurs méthodes de travail.

Il est plus circonspect avec les étiquettes qui mentionnent des provenances telles que « U.E. » ou « Non U.E. ». Certains pays sont réputés pour exporter des miels de mauvaise qualité. Pour autant Jean-Jacques n'est pas de ceux qui rejettent en bloc tous les miels étrangers. Ainsi il vante les mérites des miels roumains qui sont pour lui d'excellente qualité à condition de connaître les producteurs.

Si Jean-Jacques est aussi tatillon sur ses approvisionnements, c'est qu'il est lui-même apiculteur depuis presque quarante ans. Le métier, il connaît, il a même suivi en 1975 les cours de la Société Centrale d'Apiculture au Jardin du Luxembourg, la référence. Le miel, il en produit lui-même. C'est un miel parisien car les ruches dont il s'occupe pour le compte d'une association sont disséminées un peu partout dans le sud de Paris. Il en a une vingtaine, elles sont de type Dadant et, première originalité, elles sont vitrées. Pour lui les ruches classiques aveugles sont source de mystère. Pour ne pas affoler les citadins et pour permettre l'observation et donc la pédagogie, il a opté pour des ruches à double vitrage. Moyennant quelques précautions en été pour éviter une surchauffe et le ramollissement des rayons de cires. Mais jusqu'ici il n'a jamais rencontré de problèmes.

A l'intérieur, seconde originalité, il a installé des colonies d'abeilles noires, là où presque tous les apiculteurs parisiens préfèrent installer des Buckfast. D'abord parce qu'il considère que c'est la race endémique en France, la plus adaptée à nos conditions climatiques. Ensuite parce que les Buckfast ou Frère Adam sont certes plus rassurantes pour les habitants et les promeneurs, mais elles subissent une hybridation très rapide qui dilue leur caractère de douceur.

On dit souvent que les abeilles des villes se portent mieux que les abeilles des champs. Jean-Jacques vous répondrait tout d'abord qu'elles subissent elles aussi la pression du varroa.

Pour combattre cet acarien, il a eu l'opportunité de tester un nouveau produit créé par un pharmacien de Saint-Mandé. Ce sirop composé en autres de plantes, d'huiles essentielles et d'oligo-éléments est commercialisé comme un complément alimentaire pour les abeilles et non comme un médicament du fait de la complexité des procédures liées aux Autorisations de Mise sur le Marché (AMM). Les ruches cobayes de Jean-Jacques, soumises à cet unique traitement, se sont maintenues en forme pendant sept ans.

Et puis l'année dernière, inexplicablement, son plus gros rucher a été décimé presque entièrement. Une seule ruche s'est sortie de la catastrophe. Malgré des analyses menées par un organisme parisien spécialisé, Jean-Jacques ne sait toujours pas ce qui s'est passé. Le miel parisien a disparu des étagères de sa boutique.

Malgré ce coup du sort inattendu, il ne baisse pas les bras et compte bien racheter des colonies d'abeilles noires à un ami apiculteur. Pour pouvoir continuer à exercer sa passion tout d'abord. Pour proposer à nouveau à ses clients l'exotique miel de Paris ensuite. Et aussi parce qu'on compte d'une autre façon sur ses abeilles. De temps à autre, Jean-Jacques prélève des abeilles dans ses ruches pour des apithérapeutes ou des patients. Le venin de ces insectes servira dans le traitement de scléroses en plaque.

Des maux de gorges à l'arthrose, les abeilles sont au service des Parisiens, dans la petite boutique de Jean-Jacques.

http://agaa.fr/401
Pour faire le tour du monde des miels, tout commence sur notre site

Concours Lépine au rucher

Il était une fois... Il était une fois un petit garçon qui jouait dans la forêt. Un jour, il s'y aventura plus profondément et découvrit de mystérieuses boîtes en bois d'où sortaient des milliers d'abeilles. Fasciné par le spectacle, il s'approcha et observa la course folle de ces insectes. Il remarqua à l'écart qu'une des ruches semblait vide. Plein d'audace, le petit garçon ouvrit discrètement le toit de la ruche...et fut aspiré par le monde merveilleux des abeilles.

Ce petit garçon, c'était Jean-Luc. Ses débuts en apiculture ressemblent à un conte de fée. Bricoleur, il construisit seul, à 13 ans, sa première ruche. Il prit les mesures directement sur une ruche de piégeage des essaims sauvages laissée dans un rucher en lisière de forêt. A 14 ans, pour peupler sa ruche, il va capturer son premier essaim avec l'aide d'un voisin. Sa combinaison de protection et le panier de cueillette des essaims, il les avait fabriqués de ses propres mains. Au collège, il avait appris en cours de technologie à tresser des paniers.

Ses parents, devant cette passion naissante, l'aidèrent à s'outiller en achetant les équipements de base dans un magasin de Chartres. Encouragé, il construisit de nouvelles ruches.

A 16 ans Jean Luc possédait une vingtaine de colonies d'abeilles.

Accaparé par les études, il négligea ses ruches qui périclitèrent. A cette époque, le varroa fit son apparition en France. Les traitements efficaces de lutte contre cet acarien étaient alors mal connus. Le parasite décima de nombreuses ruches sur tout le territoire français. Il ne resta plus à Jean-Luc que 4 ruches.

Les années passèrent. Jean-Luc termina ses études. Il entra dans la vie professionnelle, s'installa et fonda une famille. Sa passion pour les abeilles refit surface. Il remonta un cheptel et construisit de nouvelles ruches.

Jean Luc possède aujourd'hui 14 colonies d'abeilles actives et quelques essaims en ruchette. L'ensemble est réparti sur deux ruchers. L'un des ruchers est un verger, dont les propriétaires sont venus spontanément demander à Jean-Luc d'installer des ruches chez eux. Sensible au déclin des abeilles, ils souhaitaient agir pour la biodiversité.

Cette demande ne surprend pas Jean-Luc. Il constate que le public est de plus en plus attentif à la protection des abeilles. Il est régulièrement sollicité pour récupérer des essaims sauvages. Ceux qui l'appellent souhaitent évidemment être débarrassés d'insectes inopportuns, mais ils veulent néanmoins que ces abeilles soient protégées et élevées dans un environnement approprié.

Pour la première fois, Jean-Luc a participé à une foire de village pour vendre son miel. L'attrait du public pour l'apiculture et les abeilles ne s'est pas démenti. Le stand de Jean-Luc a rencontré un grand succès. Petits et grands ont été émerveillés par l'activité des abeilles dans la ruche d'exposition apportée par Jean-Luc. Pour l'occasion, il avait construit une ruche fermée mais vitrée laissant voir le travail des ouvrières. Pour assurer une aération, l'apiculteur avait ingénieusement ajouté des petits ventilateurs.

Très rapidement, tous les pots de miel disponibles à la vente sont partis. Jean-Luc n'en a même pas gardé pour lui. Mais les récoltes de ces dernières années sont moins bonnes que celles qu'il a connu il y a une vingtaine d'années. Avant, il y avait beaucoup de champs de tournesol dans la région. Les agriculteurs ont abandonné cette culture pour préférer des productions bénéficiant d'aides européennes. De plus, les semences de colza actuelles semblent moins attractives pour les abeilles. Dans les champs, elles sont moins nombreuses à le butiner.

Jean-Luc peut quand même réaliser deux récoltes par an. Evidemment, l'extraction du miel des cadres est faite avec un extracteur qu'il a lui-même construit. Les opercules, ces bouchons de cire qui ferment les alvéoles de miel, sont récupérées par l'apiculteur pour construire de nouvelles feuilles de cire. Ces feuilles de cire garniront les cadres sur lesquels les abeilles construiront leurs rayons.

Habituellement les apiculteurs achètent des feuilles de cire auprès de marchands spécialisés. Elles sont construites à partir de cire achetée par ce marchand auprès d'autres apiculteurs. La provenance de ces cires est rarement connue. Potentiellement, elles peuvent être polluées par des traitements chimiques réalisés par l'apiculteur fournissant la cire. Soucieux de la qualité des feuilles qu'il introduit dans ses ruches, Jean Luc a décidé de construire lui-même ses feuilles de cire à partir de la propre cire de ses ruches. Après quelques recherches, il a construit un gaufrier en utilisant du silicone alimentaire pour créer la structure de base. La cire est chauffée et coulée dans ce moule qui lui donnera sa forme en alvéoles. Son système est en cours de perfectionnement. Un circuit hydraulique de refroidissement va être ajouté pour accélérer l'opération. Son invention fait des envieux. Plusieurs apiculteurs lui ont demandé de leur prêter.

    Mais ce que Jean Luc préfère, c'est de cueillir des essaims. Au printemps, il met quelques affiches dans les commerces des environs afin d'être appelé pour récupérer des essaims. Ses coordonnées figurent aussi sur quelques sites internet spécialisés. L'année dernière, il a été appelé plus de 50 fois. Il n'a pu répondre à toutes les demandes. D'autant que de nombreux essaims s'étaient installés dans des endroits inaccessibles, sous des toitures ou dans des conduits de cheminée. Est-ce la météo pluvieuse qui a incité les colonies à préférer les endroits abrités plutôt que les branches d'arbres ?

    Certains apiculteurs utilisent du nitrobenzène pour déloger ces essaims difficiles d'accès. C'est un produit chimique nocif pour les abeilles et pour les hommes. Jean-Luc refuse de l'utiliser. Par contre, il a vu sur internet une machine avec de longs tuyaux permettant de récupérer des essaims par aspiration. Il vient de trouver un vieil aspirateur. Son prochain projet est la fabrication d'un aspirateur à essaim d'abeilles.

    Cette machine ne sera cependant pas assez efficace pour déloger les nids de frelon asiatique qui sont présents dans la région. L'année dernière, 4 nids ont été détruits à proximité de ses ruchers. Dans deux cas, il a fallu abattre des peupliers car les nids y étaient placés très haut. Ces opérations ont été prises en charge par les communes, mais la situation reste préoccupante. L'attaque des frelons sur les abeilles est redoutable. Ils foncent sur les abeilles quand celles-ci sont occupées, par exemple, à butiner le sucre d'un fruit tombé à terre.

Curieux, Jean Luc a appris qu'il existerait des prototypes de drone pour détruire les nids de frelon asiatique. Il est très intéressé. Il s'agira peut-être de sa prochaine invention...

http://agaa.fr/467

Quelle ingéniosité chez les apiculteurs bricoleurs ! Sur notre site, découvrez l'aspirateur à essaim, le pèse-ruche, le cérificateur solaire ou encore le gaufrier à cire...

Carnet de voyage

Sur fnac.com, il existe près de 120 livres en langue française qui traitent d'apiculture. Très majoritairement, ce sont des guides techniques pour les apiculteurs. Quelques-uns s'interrogent sur le rôle de l'abeille dans notre société ou dans l'environnement. Un livre s'intéresse aux différentes formes d'apiculture dans le monde. C'est celui de Sandrine et Erwan Keraval.

L'abeille est présente pratiquement dans toutes les régions du monde. Partout l'homme a cherché à s'approprier le miel en créant des ruches ou en pillant les colonies sauvages. Dans chaque zone s'est développée une apiculture spécifique en fonction du climat, de l'environnement et des caractéristiques de l'abeille locale. L'idée d'écrire un livre est née pour Sandrine et Erwan du constat qu'il existait peu d'informations sur les différentes formes d'apiculture dans le monde. Adeptes des grands voyages et apiculteurs amateurs, ils ont décidé d'allier leurs deux passions pour rédiger un ouvrage original.

Le livre a nécessité trois ans de travail. La première année a été nécessaire pour définir le projet. Les deux années suivantes ont été mises à profit pour collecter de l'information et des photos. Finalement 11 lieux ont été retenus. 11 expériences apicoles différentes: des ruches cylindriques d'Ethiopie accrochées dans les arbres au rucher des plaines désertiques de la Mongolie, en passant par le trépied de bois des collecteurs de miel indonésiens…

L'écriture du livre a été le prétexte pour Sandrine et Erwan à de nouveaux voyages et de nouvelles rencontres. La découverte de ruchers insolites est devenue le but de leurs expéditions : où sont les ruches les plus au nord de la planète? Et les voilà embarqués pour la Finlande à la recherche de ruches sur le cercle polaire.

Dans chaque pays étudié, les apiculteurs sont passionnés et partagent avec enthousiasme leur savoir-faire. Les invitations sont faciles et la fraternité s'installe rapidement entre apiculteurs. A chaque fois, les apiculteurs rencontrés ont développé leurs propres astuces et leurs propres techniques apicoles. L'adage « Un apiculteur, une apiculture » semble s'affranchir des frontières.

Les préoccupations des apiculteurs diffèrent d'un pays à un autre. Par exemple, si les apiculteurs de l'île de Socotra au Yémen ont peu à craindre des pesticides, ils doivent faire face à des abeilles agressives. Les pratiques apicoles, elles aussi, sont adaptées à l'environnement. Les ruches éthiopiennes sont accrochées dans les arbres pour faciliter la colonisation par les abeilles.

Dans ces conditions, même si les échanges entre apiculteurs ont été enrichissants, peu de techniques apicoles découvertes pendant leurs voyages sont applicables pour résoudre les problèmes des ruches des Alpes Françaises. Sandrine et Erwan sont notamment confrontés à des fourmis des bois qui envahissent les ruches et affaiblissent les colonies. Une parade semble être trouvée en entourant les pieds des ruches de papier collant pour limiter la progression des fourmis.

Les rencontres entre apiculteurs sont aussi l'occasion de petits cadeaux. Sandrine et Erwan emmènent dans leurs valises des petits outils apicoles qu'ils laisseront en remerciement à leurs hôtes. Ils reçoivent en échange des objets de l'artisanat local et bien sûr du miel.

Ce miel est parfois extrait devant eux dans conditions sommaires. Comme en Inde, où il est obtenu en pressant directement les rayons contenant du miel mais aussi des larves pour obtenir un mélange... surprenant. Sandrine et Erwan n'ont pas osé refuser de goûter à cette mixture. L'expérience est cependant un souvenir agréable qu'ils évoquent aujourd'hui avec amusement.

Pour compléter l'ouvrage, Sandrine et Erwan ont fait appel aux témoignages d'internautes. Via les sites web apicoles et les forums, ils ont contacté d'autres apiculteurs globe-trotters. Ces belles rencontres virtuelles ont enrichi le livre de plusieurs chapitres. Les internautes ont apporté photos et commentaires sur des pays que Sandrine et Erwan n'ont pu visiter.

La vie d'un livre ne s'arrête pas à son écriture. Viennent ensuite le maquettage, l'impression, la diffusion et de la promotion. Ce sont des étapes que Sandrine et Erwan ont réalisé ou supervisé eux-mêmes, car leur livre est réalisé en auto-édition.

La promotion du livre a été, une fois encore, l'occasion de nouvelles rencontres et de nouvelles expériences. Comme pendant les séances de dédicaces dans les librairies, où des apiculteurs, des amateurs de la nature ou simplement des curieux échangent quelques mots avec les auteurs. Autre expérience nouvelle pour ces Grenoblois : l'exercice de l'interview par une radio locale.

L'ouvrage est apprécié, il se vend bien. Le point d'équilibre financier a été assez facilement atteint. Pourtant malgré ce succès, il n'est pas envisagé dans l'immédiat l'écriture d'un second tome. Car Erwan s'est lancé dans une nouvelle aventure: l'installation de ruches sur le site de son employeur. Avec l'aide du comité d'entreprise, les ruches seront gérées par les salariés eux-mêmes.

Encore une belle occasion de confronter ses pratiques et d'échanger entre apiculteurs.

http://agaa.fr/482

Sur notre site, une interview radio des apiculteurs globe-trotter et la liste des points de vente où vous procurer leur livre.

A la croisée de chemins

Combien y a-t-il de ruches en Bretagne?
Etrange question. Pourtant, l'avenir professionnel de Gwendal dépend de la réponse. S'il y a plus de 50 000 ruches déclarées, il sera Technicien Sanitaire Apicole. Sinon, il créera sa propre exploitation apicole.

En France, une nouvelle gouvernance sanitaire pour l'apiculture s'installe. Elle s'appuie localement sur des Organisations à Vocation Sanitaire (OVS) qui ont pour mission l'encadrement de l'épidémiosurveillance, de la prévention et de la lutte contre les maladies animales et végétales, et la mise en place de contrôles sanitaires et phytosanitaires. Dans chaque région, le ministre de l'Agriculture a nommé deux structures : une pour le domaine animal, l'autre pour le domaine végétal.
L'OVS de Bretagne en charge de l'apiculture se structure. Pour accomplir ses missions, elle souhaite embaucher un Technicien Sanitaire Apicole. Des fonds européens prendraient en charge cet emploi pour 5 ans à condition que le nombre de ruches déclarées en Bretagne soit supérieur à 50 000. Gwendal est candidat à ce poste. Il attend le résultat du comptage.
Gwendal a découvert le monde des abeilles grâce aux récits d'un apiculteur sur un marché. Gwendal y vendait des fruits et légumes et son emplacement jouxtait celui de l'apiculteur local. Attiré par cette activité en pleine nature et avec des animaux, Gwendal a suivi pendant quelques jours une initiation à l'apiculture. Il a ensuite acheté deux ruches qu'il a installé chez lui.
En fin d'été, l'apiculteur du marché invita Gwendal a participer à la dernière récolte de la saison. Gwendal s'est plu dans l'exploitation apicole. Il y est resté. Il a réalisé l'extraction du miel, sa mise en pot et la préparation de l'hivernage des 400 colonies. Durant l'hiver il a vendu du miel sur les marchés. Au printemps, il s'est engagé pour une saison dans une exploitation apicole en Corse. Il a appris des techniques de transhumance, d'élevage de reines et la production d'essaims.

Cette expérience a conforté son envie de travailler au contact des abeilles. Pour Gwendal, deux voies sont possibles : être apiculteur professionnel ou bien postuler à un emploi de Technicien Sanitaire apicole.

Pour devenir Technicien Sanitaire Apicole, Gwendal a suivi une formation de 6 semaines : 3 semaines théoriques et 3 semaines sur le terrain dont 15 jours chez Sophie qui élève des reines.

L'objectif du technicien sanitaire apicole est de venir en aide aux apiculteurs en leur apportant un appui technique ou des recommandations sanitaires. Le technicien sanitaire apicole, par une veille épidémiologique et par la diffusion des nouvelles pratiques apicoles, contribue à lutter contre la forte mortalité dans les cheptels. Il fait le lien entre les agents sanitaire apicole désignés localement et le vétérinaire apicole référent de la région. C'est ce rôle d'entraide et de conseil qui plaît à Gwendal. Mais il sait que sa mission ne sera pas toujours simple. Il devra faire preuve de diplomatie et de pédagogie. Les apiculteurs revendiquent haut et fort leur liberté d'action. L'intervention d'un tiers dans leurs ruchers peut être vécue comme une intrusion ou une remise en question de leur savoir-faire.

De plus, la pérénité de l'emploi n'est pas assurée. Les aides européennes à l'embauche d'un technicien sanitaire apicole ne s'appliqueront que pour 5 ans. Que se passera-t-il après cette période ? Que deviendront les Techniciens Sanitaires Apicoles ? L'aide sera-t-elle renouvelée ou faudra-t-il trouver un nouveau financement ? Une possibilité serait d'augmenter les cotisations versées annuellement par les apiculteurs au Groupement de Défense Sanitaire. Cette solution déplaira aux apiculteurs et risque d'entraîner des désaffections. La mission du technicien en sera encore plus compliquée.

Technicien Sanitaire Apicole, c'est le choix principal de Gwendal. Le plan B, c'est créer sa propre exploitation.

Depuis 3 ans, il travaille son projet d'installation dans son petit village breton. Le terrain qui hébergera la miellerie a été identifié. Une demande de certificat d'urbanisme est en cours. La réponse sera connue dans 2 mois. Une cinquantaine de ruches d'élevage seront posées près du bâtiment pour la production de reines et d'essaims qui seront ensuite revendus. Environ 400 autres ruches seront disséminées dans plusieurs ruchers dans la région. Elles serviront pour la production de miel. Il y aura 3 ou 4 circuits de visite. Un circuit de visite est constitué de 5 ruchers espacés de 3 à 5 km et composés chacun d'une vingtaine de ruches.

Le nombre de ruches par rucher est défini avec attention. Il ne doit pas y avoir trop de ruches dans le rucher. La durée des interventions ne doit pas être trop longue. Cependant, le nombre de colonies à visiter doit rester suffisamment important pour optimiser les temps de transport entre les ruchers et la miellerie.

Le premier circuit de visite est déjà établi. Les autres circuits sont en cours définition. Les ruches seront posées sur des terrains prêtés par des agriculteurs. Les cultivateurs ont pris conscience du rôle de l'abeille. Dans le temps, les agriculteurs pouvaient demander un loyer pour héberger des ruches, aujourd'hui ils sont plutôt demandeurs de ruches pour la pollinisation. Pourtant, quelques agriculteurs restent méfiants. En réalité, ils ont surtout peur de « casser » l'outil de production de l'apiculteur. Il faut les rassurer et dialoguer avec eux afin qu'ils adaptent leurs pratiques. Par exemple, il faut éviter les traitements phytosanitaires aux heures de butinage des abeilles.

Idéalement, la race d'abeille choisie pour la production de miel sera de l'abeille noire locale. Un groupement d'apiculteur a défini un programme commun de sélection d'une abeille noire bretonne. Il repose sur un planning précis et daté d'actions que chaque apiculteur doit suivre pour préparer la naissance des mâles et des reines à féconder. Les colonies seront portées sur les îles de Callot, de Sein ou dans la forêt de Quénécan pour une fécondation dirigée. Les critères de sélection des souches sont les caractères hygiéniste, la douceur et la bonne productivité de miel.

Le programme est encore en phase expérimentale. Pour son installation, Gwendal ne pourra pas obtenir d'un coup 400 colonies d'abeilles noires bretonnes sélectionnées. Il devra acheter des essaims à un apiculteur sans réel contrôle sur l'origine de la souche et l'état sanitaire de la colonie.

Avec l'achat des colonies, du matériel, du local… se lancer dans l'apiculture professionnelle coûte cher. Gwendal a réalisé une simulation de son projet sur 5 ans avec les experts de la chambre d'agriculture. Ce « plan de développement économique » permet notamment d'identifier les aides financières possibles à l'installation : la dotation jeune agriculteur, les aides Franceagrimer…

Gwendal s'est aussi adressé aux banques pour l'obtention d'un prêt Jeune Agriculteur dont l'Etat prend à sa charge une partie des intérêts. Le prêt lui a été accordé à condition qu'il s'engage à construire un bâtiment pour la miellerie. Les banques saisiront le local en cas de faillite.

Vivre au milieu des abeilles est bien tentant ! Mais les embuches sont nombreuses et parfois difficilement prévisibles. Si, pour les joueurs de casino, la vie se décide sur un coup de dé, pour Gwendal son avenir dépend d'un comptage du nombre des ruches ou de l'avis d'une commission d'urbanisme.

Le sort en est jeté !

http://agaa.fr/455

Les abeilles ont leurs vétérinaires et leurs techniciens sanitaires apicoles pour prendre soin d'elles ! Sur notre site, découvrez des informations sur les nouveautés de la profession, l'interview d'un vétérinaire spécialisé et un lien vers un blog vétérinaire apicole.

Vigie apicole

Depuis cinq ans, fin septembre, une grande enquête est organisée auprès des apiculteurs d'Ile de France. Elle a pour objectif de mieux connaître l'état des pratiques apicoles et indirectement d'avoir un aperçu sur la qualité de l'environnement. Les apiculteurs doivent répondre à un questionnaire et fournir un échantillon de miel. C'est l'équipe de Maxime qui organise la collecte d'informations et son exploitation. Maxime est responsable de l'Observatoire de la biodiversité à Natureparif.

Natureparif est une agence régionale pour la nature et la biodiversité. Elle a été créée en 2008 par la région Ile-de-France. En 2010, un observatoire des abeilles est mis en place pour valoriser les services rendus par les abeilles domestiques, réaliser un aperçu de l'état sanitaire des colonies et disposer indirectement d'indices sur la qualité de l'environnement. Cet observatoire est soutenu par l'Association de Développement de l'Apiculture en Île-de-France (ADAIF), l'Union Nationale de l'Apiculture Française (UNAF), Le CNRS, la Société Centrale d'Apiculture (SCA) et le Muséum National d'Histoire Naturelle.

Chaque année, l'ADAIF et la SCA organisent un concours du meilleur miel d'Ile-de-France. Il permet aux apiculteurs lauréats, comme Fabrice de Malakoff, d'apposer une médaille sur leurs pots de miel. C'est aussi l'occasion de répondre au questionnaire de Natureparif sur les pratiques apicoles. Quelques mois plus tard, l'apiculteur reçoit des équipes de Maxime un compte-rendu positionnant son rucher dans les moyennes de la région.

Le nombre de ruchers analysés est en constante augmentation depuis la création de l'enquête. Il est passé d'une centaine de ruchers en 2009 à plus de 350 en 2015. Cela représente en 2015, plus de 250 apiculteurs qui possèdent près de 5000 ruches. Les ruchers d'Ile-de-France sont peu peuplés. Les deux tiers des apiculteurs Franciliens possèdent moins de

10 ruches. Ce large panel permet à Maxime d'en tirer des enseignements géographiques et temporels.

Pour les besoins de l'étude, l'Ile-de-France est coupée en 3 zones : Paris, la Petite Couronne qui regroupe les départements limitrophes de Paris, et la Grande Couronne correspondant aux départements les plus éloignés. La Grande Couronne est une zone diversifiée avec des villes, des forêts et des espaces de monocultures.

L'emplacement des ruches a une forte influence sur les constations.

Par exemple, l'essaimage est plus faible à Paris que dans la Petite Couronne et plus encore que dans la Grande Couronne. Ce qui peut s'expliquer par le fait que dans les zones fortement urbanisées, les apiculteurs prennent des mesures pour éviter que leurs colonies essaiment afin de ne pas affoler la population. Un essaim d'abeilles qui se pose en ville est souvent une source de panique pour les habitants. D'autres hypothèses sont à l'étude comme la présence de champ de colza en grande couronne. Ils produisent de grandes miellés qui peuvent favoriser l'essaimage.

De même, la mortalité des colonies est plus faible dans Paris et sa Petite Couronne qu'en Grande Couronne. Est-ce dû à la présence de pesticides dans les champs ? Il est trop tôt pour l'affirmer. Des études complémentaires sont nécessaires pour valider, ou non, cette hypothèse.

La production moyenne de miel par ruche en Ile-de-France est de 19kg avec une nouvelle fois un gradient entre les trois zones. Paris est plus productif, avec 23 kg, que la Petite Couronne. Elle-même est plus productive que la Grande Couronne avec seulement 18kg de miel par ruche. Pour Maxime, l'analyse des composants floraux du miel des échantillons envoyés par les répondants peut apporter un premier élément de réponse. En effet, l'analyse polliniquerévèle une présence importante de l'ailanthe dans le miel parisien. Cette concentration décroît en s'éloignant de la capitale. L'ailanthe est un arbre aux fleurs mellifères originaire d'Asie qui attire beaucoup les abeilles. Dans certaines régions cette plante est considérée comme invasive.

L'étude des pollens présents dans le miel apporte d'autres enseignements aux équipes de Maxime. La diversité pollinique et donc la biodiversité florale est faible à Paris. Elle est plus importante en Petite Couronne et surtout en Grande Couronne. La Grande Couronne est une zone vaste et très contrastée. L'arrivée dans l'équipe de Natureparif d'une botaniste permettra d'affiner ces premiers résultats et de construire de nouvelles hypothèses.

Pour Maxime, le partage d'information entre chercheur est important. Les conclusions de son analyse seront utilisées pour d'autres études. Par exemple, une doctorante mène un projet sur la concurrence éventuelle entre les abeilles « domestiques », les abeilles solitaires et les bourdons. Elle pourra s'appuyer sur les données collectées dans les ruchers en milieu rural.

Les résultats de l'enquête sont aussi partagés avec les sponsors de l'observatoire de l'abeille et présentés aux grands syndicats apicoles d'Ile-de-France. Statistiquement, l'étude de Maxime leur apporte des informations sur leurs adhérents et leurs pratiques. Elle confirme le fort engouement pour l'apiculture ces dernières années. En effet, environ la moitié des apiculteurs ont 5 années ou moins d'expérience apicole.

A Natureparif, Maxime mène d'autres études sur la biodiversité. Il recense notamment les communes « Zero phyto » d'Ile-de-France. C'est-à-dire qu'il réalise un état des lieux de l'usage des pesticides par les collectivités franciliennes. Seulement 12% des communes d'Ile-de-France n'utilisent plus de pesticides. Un croisement des études de l'observatoire de l'abeille et du diagnostic « zero phyto » serait intéressant pour vérifier si la production de miel et l'état sanitaire des abeilles s'améliorent dans les villes abandonnant les pesticides. Il permettrait aussi de constater, par l'étude des pollens collectés par les abeilles, si la biodiversité florale progresse dans les communes « zero phyto ».

L'UNAF, un syndicat apicole, affirme que les abeilles sont des « sentinelles de l'environnement ». L'état des colonies illustre l'impact de nos décisions sur l'écologie. Maxime, en étudiant le comportement des abeilles de la région parisienne, scrute aussi un peu celui des Franciliens et les conséquences de leurs actions sur l'environnement.

Peut-être faudrait-il renommer l'Observatoire Francilien des Abeilles en Observatoire des Abeilles et des Franciliens?

http://agaa.fr/417

Apiculteur à Paris ? Si si, c'est possible ! Avec, entre autres, une carte de Paris pour savoir, rue par rue, ce que butineront vos abeilles parisiennes sur notre site et en plus, un exemple d'études produit par Naturparif pour les apiculteurs du panel.

Frère Hôtelier accueille même les abeilles

L'apiculture est une activité physique. Au moment, des récoltes, il faut porter les lourds rayons gorgés de miel. Avec les Amis des Abeilles de l'Abbaye, l'apiculture devient aussi une activité de l'esprit. En effet, cette association organise 5 fois par an des week-ends « Apicolo spirituels »

C'est le frère hôtelier qui accueille la dizaine de participants du premier week-end « apicolo-spirituel » de l'année. Après deux ans d'existence, le succès de cette activité ne faiblit pas. Ces week-end « apicolo spirituels » allient pratique de l'apiculture, prière et réflexion.

Comme à chaque fois, il y a bien sûr les habitués et puis quelques nouveaux. Les habitués, qui forment une association informelle, sont à l'origine de ces week-ends. Depuis des années, ils venaient se recueillir à l'abbaye et aider les moines à entretenir le rucher. La responsabilité du rucher, au sein de la communauté religieuse, a changé plusieurs fois de mains au cours des dernières années. Elle a parfois été confiée à des Frères qui avaient peu d'expérience de l'apiculture. L'aide des laïques a été bien utile pour entretenir le rucher. Ces habitués ont eu l'idée, pour garantir la pérennité de l'activité apicole, de s'organiser et d'initier la mise en place de manifestations dédiées. Ce ne sont pas des apiculteurs professionnels. Tous pratiquent l'apiculture par ailleurs, chez eux ou dans des ruchers d'entreprise.

A chaque week-end, des « nouveaux » se présentent. Généralement, ils découvrent l'apiculture. Certains seront rapidement conquis et viendront à toutes les manifestations organisées dans l'année. Ces week-ends ne sont pas des formations à l'apiculture. De nombreuses structures en proposent déjà. Ce sont des moments de partage, d'esprit d'équipe et de réflexion dans le cadre superbe d'une abbaye picarde du XIIe siècle. Les participants apportent ainsi leur aide aux moines à des moments clés de l'année apicole: la visite de printemps, la récolte de printemps, la récolte d'été suivie de sa visite sanitaire, la mise en hivernage. En dehors de ces périodes, c'est le frère hôtelier qui s'occupe de la douzaine de ruches. Par exemple, il récupère les essaims sauvages et s'initie à la production de reines. Le miel récolté est utilisé par la communauté religieuse pour sa propre consommation et vendu en pot à la librairie-boutique de l'abbaye.

Les week-ends se déroulent en trois temps. Le samedi est consacré à l'apiculture avec pratique au rucher et la diffusion d'un film sur ce sujet en soirée. Un temps de prière est prévu le samedi et le dimanche. Le dimanche matin est le moment d'échange autour d'un thème de réflexion lié à la création, à la place de l'Homme... D'ailleurs, il existe de nombreuses références au miel et aux abeilles dans la Bible. Le miel y est souvent associé à la douceur, au partage, au bien, à la sagesse.

L'intérêt des moines pour les abeilles et le miel n'est pas nouveau. Il n'était pas rare que les abbayes et même les « jardins de curé » s'ornent de quelques ruches. Au fil du temps, le clergé a cherché à développer et à moderniser l'apiculture. Aujourd'hui encore, les apiculteurs continuent à utiliser plusieurs inventions de ces religieux. Les noms des modèles de ruche en sont de bons exemples: l'abbé Voirnot, le pasteur Langstroth, l'abbé Warré...

Les Amis des Abeilles de l'Abbaye, en aidant les moines, perpétuent cette tradition apicole. Pendant encore longtemps, cette citation de la Bible raisonnera dans l'abbaye « L'abeille est petite parmi les êtres ailés, mais ce qu'elle produit est d'une douceur exquise.» (Siracide ou L'Ecclésiastique).

http://agaa.fr/451

Les prochaines dates des week-end Apicolo-spi des Amis de l'Abbaye sont sur notre site. Et plongez dans l'histoire de l'apiculture avec les hommes d'Eglise qui l'ont écrite.

Le roi de la friandise

Si Bernard apprécie les pâtisseries et les bonbons, ce n'est pas uniquement parce qu'il est gourmand. C'est aussi parce qu'il est responsable de la production des entreprises Apior et La reine Friande. Deux entreprises régionales qui fabriquent des friandises à base de miel.

Bernard a été une figure du syndicalisme apicole. Il a été pendant 8 ans président d'un syndicat régional qui rassemblait plus 1900 apiculteurs. A la fin de son mandat, il a pris sa retraite. Mais le repos a été de courte durée, à peine un an. Car Michel Nevière l'a appelé pour lui demander de redresser la société Apior qui fabriquait des biscuits et de la confiserie. Bernard a relevé le défi. Il s'est installé en Province avec ses 5 ruches. Cela fait maintenant 6 ans.

Aujourd'hui Apior va bien. Elle est en pleine expansion et vend dans une dizaine de pays. Apior appartient au groupe Nevière. Nevière est une société familiale, créée par l'arrière-grand-père, et elle emploie une quarantaine de personnes. Elle s'est diversifiée au fil des années. Elle produit et vend du matériel apicole, de la confiserie et de la biscuiterie, de l'huile d'olive, des produits régionaux...

En 2011, des clients d'Apior ont demandé des bonbons avec une forme particulière. Leur fabrication imposait d'utiliser des matrices spécifiques détenues par un autre confiseur « La reine Friande ». Bernard a alors visité cette entreprise afin de négocier un partenariat commercial. Il a découvert une société en liquidation judiciaire.

Apior a décidé d'acheter les matrices, mais pour les utiliser, il fallait aussi acheter les machines. Pour faire fonctionner ces machines, il fallait un savoir-faire spécifique et donc embaucher les salariés qui les commandaient quotidiennement. Finalement, après la liquidation judiciaire, Bernard a acquis les matrices, les machines, la marque, le portefeuille client et a remonté une nouvelle structure en réembauchant 3 salariés. C'est la renaissance de La Reine

Friande. Elle a déménagé mais est resté fidèle à ses origines : la Charente.

La reine Friande avait été créée en 1932 par un apiculteur pour écouler, dans la fabrication de bonbons, un surplus de miel. L'entreprise était restée une société familiale. La marque avait une bonne renommée, mais la société produisait surtout pour la grande distribution et peu en marque propre.

Aujourd'hui, le miel est toujours important dans la production, il est présent dans 95% des produits. La teneur en miel varie de 10 à 30% suivant les bonbons. Les autres composantes sont principalement du sucre et des huiles essentielles.

La Reine Friande fabrique ses propres bonbons et aussi à façon pour les apiculteurs avec leurs propres miels. Les apiculteurs revendent ensuite ces bonbons directement. En moyenne, il faut 15 kg de miel pour 100 kg de bonbons. La transformation en bonbon est l'occasion pour l'apiculteur de valoriser son miel et de diversifier ses revenus financiers.

Pour la propre production de La reine Friande, Bernard veut favoriser la provenance locale des matières premières. Il achète le miel auprès d'apiculteurs de Charente. Il croit à l'importance de maintenir et de promouvoir des savoir-faire et des produits locaux. Il invite le public à les découvrir en organisant des visites de l'usine avec les offices du tourisme, ou les écoles. Par ailleurs, il travaille à l'obtention du label « Made in France ».

Bernard applique les mêmes convictions aux productions pâtissières d'Apior. Il s'approvisionne principalement en miel local de Provence. Apior a besoin de 100 tonnes par an. Il ne veut pas truster le marché et désorganiser le tissu local apicole. Alors il diversifie ses approvisionnements auprès de plusieurs producteurs. Pour ses fabrications, il a besoin de réserver le miel un an à l'avance.

La Reine Friande est difficile à relancer, notamment parce que des clients historiques de l'entreprise ont eux-mêmes fait faillite. Et puis l'augmentation du prix du miel inquiète Bernard. Avec les chutes de volume de production de miel, les apiculteurs veulent compenser les revenus en augmentant le prix du miel. Les prix seraient devenus prohibitifs. Cette évolution des prix joue sur la rentabilité de la Reine Friande, mais ce problème de coût n'est pas la seule préoccupation de Bernard. Il craint que cette situation n'incite certains à s'approvisionner en miels de provenance douteuse. Les apiculteurs français n'ont aucun intérêt à ce que les consommateurs et les approvisionneurs se détournent de leurs productions.

La Reine Friande gagne ses premiers succès commerciaux à l'export en Belgique et en Italie. D'autres pays suivront. Pour Bernard, c'est une chance d'être soutenu par une structure familiale. Elle donne le temps de construire un projet d'entreprise sans être soumis à un objectif de rentabilité immédiate. L'esprit familial est important. La société veille à ce que les conditions de travail soient humaines voire humanistes et les employés se mobilisent dans les moments difficiles pour donner un coup de main supplémentaire quand il le faut.

Bernard aime entreprendre et transmettre son savoir. Il intervient bénévolement au Maroc pour former un apiculteur. Le gouvernement marocain a compris l'intérêt économique que pouvait représenter l'apiculture. Il a fourni 100 ruches à ceux qui le voulaient. Ces nouveaux apiculteurs n'ont pas été formés. Certaines ruches restent dans les garages. Pour les autres, les rendements sont mauvais. Bernard se rend donc sur place auprès d'un apiculteur pour l'accompagner et s'assurer du suivi. La production est passé de 5kg de miel par ruche à 40 ou 50 kg miel par ruche en un an.

Ayant contribué à sa production, Bernard connaît particulièrement bien ce miel marocain. Il pourrait l'acheter pour les pâtisseries d'Apior. Mais ce n'est pas l'objectif. Encore une fois, le local doit rester au local. Ce miel pourra alors servir à la préparation des chebakia ou des makrout… les fameuses pâtisseries marocaines.

http://agaa.fr/409

Les derniers potins sur une fameuse tête couronnée sont sur notre site, avec la photo de la matrice à confiserie et toutes les informations pour programmer une visite dans les ateliers.

L'abeille à l'officine

Une ou deux gouttes d'huile essentielle d'eucalyptus radiata sur une pointe de cuillère de miel : c'est la recette que propose Nolwenn pour endiguer un rhume naissant. Cette jeune pharmacienne aurait pu nous conseiller du paracétamol, mais elle a fait le choix de remèdes issus plus directement des plantes et des abeilles pour soigner en première intention les pathologies bénignes.

Nolwenn est fille de médecin. Lorsqu'elle a commencé ses études de pharmacie, elle s'est vite sentie attirée par la botanique, les vertus médicinales des plantes et plus largement par l'écologie et la protection de la nature. Puis lorsqu'il s'est agi de choisir un sujet de thèse de doctorat, elle a longuement réfléchit à la manière dont elle pourrait concilier ses convictions personnelles, les notions scientifiques apprises durant ses études et sa pratique professionnelle en officine auprès de ses clients.

Avec un oncle retraité et apiculteur amateur, une grand-mère qui utilisait la teinture-mère de propolis dans sa pharmacopée personnelle, ses préoccupations environnementales et les flashs des médias sur les attaques de plus en plus nombreuses du frelon asiatique dans sa région de la Loire-Atlantique, l'idée a fait son chemin peu à peu. C'est décidé : son mémoire sera consacré aux abeilles.

Pour rédiger sa thèse, Nolwenn, qui ne connaissait que peu de choses de l'abeille et de l'apiculture, a utilisé Internet et de nombreux livres pour se documenter. Son sujet de thèse a passionné toute sa famille, chacun se souvenant d'une utilisation personnelle des produits de la ruche pour soigner tel ou tel bobo. Elle a pu constater qu'en officine, l'intérêt pour les produits de la ruche comme médicament était très variable, sans arriver à savoir pourquoi. Le plus souvent, c'est à la suite de demandes réitérées de clients que les pharmacies décident de mettre en rayon des produits à base de gelée royale, de propolis ou encore des huiles essentielles ou végétales. La gelée royale reste la plus présente, sous forme de mélanges liquides présentés en ampoules pour des cures de remise en forme.

Ce qui surprend surtout Nolwenn, c'est le manque de formation des pharmaciens en matière de remèdes plus naturels. Ils ne les conseillent quasiment pas aux clients qui pourraient les utiliser pour les pathologies simples de la sphère ORL par exemple. Les molécules génériques restent les plus vendues. Cela rappelle à Nolwenn à quel point les cours de biochimie sont prépondérants dans la formation initiale des pharmaciens. A quel point les plantes, sur lesquelles se basent les médicaments aujourd'hui synthétisés, ont quasiment disparu du cursus. Seul recours pour ces professionnels qui voudraient orienter efficacement leurs clients vers des produits naturels : une formation additionnelle.

Même chose chez les médecins, que Nolwenn connaît bien : comment, sans connaissances et formation (à moins d'une spécialisation), peuvent-ils prescrire des remèdes naturels aux patients qui restent entre 15 et 20 minutes seulement en consultation ?

Nolwenn est convaincue de l'intérêt des produits dérivés des plantes et des abeilles, notamment dans le domaine dermatologique. Elle connaît les effets du miel de thym sur la cicatrisation des plaies, les propriétés anti-bactériennes de la propolis. Pour elle, il ne s'agit aucunement de placebo : elle en a testé certains, elle a lu la littérature scientifique existant sur la question. Ces produits ont toute leur place dans nos armoires en pharmacie, seuls mais aussi en synergie avec des médicaments dits classiques.

Elle a vu nombre de clients s'adresser à elle pour des problèmes de peau en se demandant pourquoi les crèmes spécialement conçues pour les peaux les plus réactives ou fragiles ne fonctionnaient pas plus que les autres. Elle sait pourquoi : elles contiennent encore beaucoup trop de composants inadaptés, issus de la pétrochimie. Le « sans paraben » ? Elle juge cela insuffisant. Pour elle, les parabens ont été remplacés par d'autres composants tout autant susceptibles de déclencher des réactions.. Elle voudrait que les clients sachent décrypter les étiquettes et fassent leur choix en connaissance de cause. Elle voudrait que les pharmaciens développent plus le conseil et moins le « commerce ». Elle voudrait qu'on redécouvre les vertus des plantes, les « simples » qui portaient si bien leur nom.

Alors elle a décidé de changer d'optique. Plus d'officine, plus d'ordonnances à rallonge qui contiennent des médicaments pour soigner et des médicaments pour corriger les effets secondaires délétères des précédents. Plus d'obligation de délivrer des molécules chimiques ou des crèmes qu'elle sait pertinemment être inadaptées, sous prétexte que le pharmacien propriétaire de l'officine ne souhaite pas proposer d'alternative naturelle dans ses rayons. Plus de conflit entre son éthique personnelle et les impératifs du commerce.

Aujourd'hui, après avoir collaboré avec une pharmacienne partageant ses vues, Nolwenn a créé grâce à un blog sa propre activité de conseils et de soins dermatologiques personnalisés à base d'huiles essentielles et d'huiles végétales. Elle préconise le miel comme support d'utilisation interne ou externe des huiles essentielles de plantes. Les plantes, les abeilles, le miel : la synergie dont elle aime à parler a pris forme.

http://agaa.fr/406

Entrez dans la bulle de beauté au naturel de Nolwenn via notre site.

Table des matières

Le cueilleur d'abeilles 8

La grande boucle du miel 11

Une vie d'apiculture 14

L'apiculteur des cités 17

Le Morvan, terre de miels 20

La lune de miel 24

Pollen, Propolis : les autres trésors de la ruche 27

Antoine, Melissa, Christophe, Florian, Hervé et les autres….. 31

Le chercheur d'abeilles 34

Le berger d'abeilles 38

Le doc des abeilles 41

Meilleur ouvrier de la ruche 45

L'abeille au palais « bourdon » 49

Miel de Paris, pari osé 54

Faites « bee » pour la photo 58

L'abeille à l'hôpital 62

A l'école des abeilles 66

Secrets de beauté des butineuses.. 70

Un apiculteur connecté 73

Eleveuse de championnes... 76

Une autre médecine... 79

L'écologue urbain... 82

Miel, honey, miele, mel, honig... 86

Concours Lépine au rucher 89

Carnet de voyage 93

A la croisée de chemins 96

Vigie apicole 100

Frère Hôtelier accueille même les abeilles............................. 104

Le roi de la friandise 106

L'abeille à l'officine 110

Déjà fini ?

Non, ce n'est que le début.

L'aventure de ce petit livre continue avec VOUS !

Prêtez cet ouvrage à vos amis, donnez-le à votre famille, envoyez-le à votre maire, votre député, votre sénateur, oubliez-le dans le métro ou dans le train...

L'abeille est évidemment un symbole de la biodiversité.
Mais nous espérons avoir démontré que l'apiculture a plusieurs facettes. C'est une créatrice de lien social, une source d'initiatives dans le monde médical et scientifique, une opportunité économique, un patrimoine culturel, une inspiration artistique...

Faire connaître la diversité des activités liées à l'apiculture, c'est aussi rêver à une éducation à l'éco-citoyenneté où la protection de la nature ne serait pas qu'un faire-valoir, mais aussi un enjeu de développement.